「運」を味方にする人の生き方

勝利の女神は
どんな人に微笑むのか

横田南嶺　栗山英樹
Yokota Nanrei　Kuriyama Hideki

致知出版社

まえがき

多くの学ぶべき先人たちが口を揃えて言うのが、〝私淑する師をもて！〟ということ。尊敬し、多くを教えてもらう方は多いのですが、自分の本当の師として、すべてのことを学べる方に出会うのは簡単なことではないのです。

そんな中、どうしても横田南嶺老師にお会いしたいと思いつつ、なかなかチャンスが生まれなかった。それがWBCの大会後、致知出版社より対談のチャンスをいただいたのです。あの大会での選手たちの頑張りが老師とお会いするチャンスをくれたのです。

著作はもちろんですが、老師のさまざまな発言や、多忙な中、驚くほどの文章量を記される円覚寺《えんがくじ》ホームページの管長日記などに日々学びを得ている者として、こんなに嬉しいことはありません。

そして実際にお会いした老師は、やはり自分の想像をはるかに超える方でした。

野球選手でも、子供の頃から憧れではなく絶対にプロ野球選手になると決めて、何をするのかはっきりと具体的にイメージをして、きっちりやるべき練習をこなしていく選手もいます。しかし、自分で決めたことを最後まで本当にやり切っていける選手はあまりいません。野球のように、行くべき道、目指すべき自分の姿をイメージしやすいスポーツの世界であっても、人はそのイメージに到達するまで続けられるほど強くはないものなのです。

一方で、老師は、十歳から禅の世界を自分の道として捉え、その準備をずっと行ってこられたと本書でも語られています。

老師はなんと小学生の時期から、将来のことを見据え、学校の授業は、椅子の上に正座か胡坐《あぐら》の状態でずっと聞くことを実践するのです！　その思いや姿は想像を絶するものです。

本物とは、やはり人が出来ない、考えないことを当たり前と捉え、実行し続けることが出来る人のことを言うのです。老師にお会いして、自分に足りないと感じているものをすべてお持ちであることを実感し、その日から勝手に人生の師とさせてもらいました。そして、尊敬する師がいることがいかに大きいかを日々実感するのです。

それまでは、なかなかそういう思いを抱ける方とお会いできなかったため、本の世界で憧れる方を勝手に師として学ぼうとしてきました。しかし、老師とお会いしてから、自分が迷う事柄について、老師ならばこの問題をどう考えるのだろうと意識している自分がいます。そのことによってかなり多くの問題が解決できるし、進むべき道がはっきりとする。なぜ尊敬する方を作らなければいけないか、実感として理解が進んだのです。

さらに、日々自分の生活や学びがこれでいいのかと感じる時、老師の日常を通して自分を鑑《かんが》みると、いかに無駄に時間を使っているのか、覚悟が足りないのか、と勝手に叱られた気分になり、それによりまたスイッチが入ったりもするのです。

老師には、折に触れてさまざまな質問をさせてもらうのですが、そんな時に必ず言ってくださるのが、〝それはある意味人間として起こることなのです〟ということ。まずは肯定から入り、少しでもそれを改善するためにと具体的な方法論に発展させ話をしてくださる。足りないものの多い自分にとっては、「ここから精いっぱい頑張ればいいんだ」と大きな安心感を常にいただくことができるのです。人間の度量や胆識がどうしたらここまで大きくなるのか、お会いする度にその神髄を掴《つか》みたいという思いが増していきます。

実は老師から許可を得て、老師からの手紙を壁に貼らせていただき、常にそれを見ながらさまざまな方への手紙をしたためています。その愛情にあふれた文字を見ているだけで、心に温かさを与えてもらえる。そして芸術かと思えるほど素晴らしいその手紙は、文字の素晴らしさはもちろんですが、それ以上に普段、相手のことをどう感じて、どう思っているのか、手紙の中に形として現れており、無言の学びを得られるのです。

学ぶは真似《まね》ぶからともいわれ、老師になんとか近づきたくて懸命に真似ようとするのですが、全く近づくことが出来ない。だからこそ、なんでもいいから近づけるところはないのかとひたすらに考える。

いくら時間が経っても、一歩も近づくことは出来ませんが、自分の道標があることに大きな感謝しかありません。そんな老師の教えは私だけが学んではいけない、多くの人に知って欲しいと心の底から感じるのです。

今回の書籍では、私の日頃から感じている疑問にも多く答えてもらいましたが、同じ疑問を持ちながら生きている方が必ずたくさんいるはずです。そんな方がさらに前向きに笑顔になって進んでもらえればこんなに嬉しいことはありません。

私にはさらに老師に教えてもらいたいことがたくさんあります。今回はそのスタートです。みんなで私の尊敬する老師から生きる道をたくさん学んでいきましょう。必ずや心の中に温かい安心感と大きな元気の火がともるはずです。

令和六年十二月

栗山英樹

運を味方にする人の生き方　目次

第二章 その人の「生き方」が、その人の「運」になる
——勝利の女神があなたに微笑む瞬間

第三章 「出逢い」が、人の運命を変えていく
――運を味方にしている人に学ぶ

第四章 私たちは「信じられている」中で生きている
——理不尽・逆境を乗り越える法

第五章 夢を正夢にする人の生き方
——自分で考えて失敗する、自分で考えて成功する

第一章
私心を捨てて、一つになる
――侍ジャパンを世界一に導いたもの

学ぶことが実に多い「提灯に釣鐘」対談

横田　本日は、わざわざ円覚寺《えんがくじ》にまでご足労いただき恐縮です。それにしても、栗山監督と私の対談というのは究極の「提灯《ちょうちん》に釣鐘《つりがね》」対談だなぁと（笑）。

栗山　「提灯に釣鐘」というのは？

横田　世界一になった監督はまさに釣鐘のように堂々としておられます。それに対して、こちらは世界の片隅で坐禅をしていただけの者ですから、ありふれた提灯のようなもの。不釣り合いこの上なく、まさに提灯と釣鐘が出会ったようなものです。

栗山　とんでもないです。僕は『致知《ちち》』の誌面や円覚寺の You Tube などでいつも横田管長のお話を拝見して勉強させていただいています。

横田　それはありがとうございます。私は野球に関しては全《まった》くの素人なんですけれど、対談に備えて栗山監督の本を読んだりＷＢＣ（ワールド・ベースボール・クラシック）の試合映像を見たり、いろいろ勉強しました。そうしたら学ぶことが実に多い。

栗山　余計な時間を取らせてしまって、本当にすみません。僕も管長の本をほとんど読ませていただいていて、直接お会いしてお聞きしたいと思っていたことがたくさんあります。今日はそうした質問もどんどんさせていただきたいと楽しみにしてきました。どうぞよろしくお願いいたします。

「憧れるのをやめましょう」——日本を世界一にした大谷の一言

横田　まず忘れないうちにご報告したいことがあるんです。二〇二三年の五月に東京の学士会館というところで一休禅師《ぜんじ》をテーマにした「一休フォーラム」という学術フォーラムが行われました。一休禅師研究の第一人者である先生に基調講演をしていただいて、私もフォーラムの主催者である花園大学の総長を務めているものですから挨拶をいたしました。

そのときに、基調講演をされた先生が講演の最後にこうおっしゃったんですね。

「皆さん、憧《あこが》れるのをやめましょう。一休に憧れているようでは、一休は超えられません。今日はこれを言いたかったんです」と。

それを聞いて驚きました。大谷翔平選手がＷＢＣの決勝の前に選手たちに向かって言った言葉が野球と全く縁もゆかりもないような禅の世界に影響を与えている。これはすごいことだなと思いました。

栗山　ありがとうございます。翔平に伝えさせていただきます（笑）。

横田　あのとき大谷さんは「憧れるのをやめましょう。憧れてしまっては超えられないので、僕らは今日超えるために、トップになるために来たので、今日一日だけは彼らへの憧れを捨てて、勝つことだけを考えていきましょう」というようなことを言われましたね。監督にお聞きしたいのですが、これはあらかじめ考えていた言葉がポンと出たんでしょうか。

栗山　実は、試合前の円陣で誰が話すかということはあらかじめ決まっていました。ただ、話す内容については本人に任せていました。そんな状況の中で翔平は「憧れるのをやめましょう」って言ったんですね。僕らも選手たちも、あの言葉はすごくインパクトがありました。

横田　そうでしたか。それでは大谷さん本人が、その時のチームの状況や雰囲気を察して発した言葉だったんですね。

栗山　はい。そしてその彼の言葉で間違いなくチームの雰囲気がキュッと締まりましたね。

横田　あの言葉は歴史に残るくらいの名言じゃないかと思いますよ。

栗山　本当にそうですね。正直に言うと、アメリカとの決勝戦の直前練習をしているときに、翔平が指摘した〝憧れる〟ような空気がちょっとあったんですよ。アメリカ代表の選手は野球人ならみんな知っている年俸何十億というスター選手ばかりです。そういう選手を目の前にして「一緒に写真撮ってほしい」というような声も聞こえてきました。

横田　そんな空気を察知して、ああいう発言をされたとしたら、本当に素晴らしい一言ですよ。

栗山　そうですね。とにかく勝ちに行くんだと。そのために翔平はこちらの無理も全部聞いてくれましたし、どうしても勝ちたいという気持ちがあの言葉に表れていました。それがチームに与えた影響も大きかったですね。

気の流れを変えて、勝ち運を引き寄せる

横田　決勝戦の最後は大谷選手がマウンドに上がり、マイク・トラウト選手との一騎打ちになりましたね。あの場面をご覧になっているときの監督は、大谷選手が抑えてくれると微塵《みじん》も疑いがなかったわけですか？

栗山　そうですね。管長も同じだと思いますけれど、監督の仕事っていうのは危機管理なんですね。最悪の状況でも負けないようにすることです。

　あのときは三対二と一点リードで迎えた九回表に大谷翔平をマウンドに上げて、野手も二人交代して守備固めに入りました。試合が終わったあとで周りから「もし同点になったらどうしたんですか」と聞かれたんですけれど、僕があそこではんの一ミリでも同点になるとか負ける可能性を頭に描くと、その通りになってしまうと思ったんですよ。

　だから、絶対にこのイニングで終わらせるというメッセージを全員に伝える意味も込めて守備も代えたんです。そのくらい翔平の覚悟みたいなものも感じていましたし、彼がマウンドに上がった瞬間、勝ったと思っていました。

横田　なるほど。私は野球は全くの素人ですけれども、トラウト選手との一騎打ちにしても、両者ともメジャーリーグを代表する選手ですから技術の差はほとんどないと思うんです。でも、テレビの画面を見ながら私は大谷選手の気というものを感じました。

監督もよくお読みになっているという『孟子《もうし》』に「浩然《こうぜん》の気」という言葉が出てきますね。これは大河が滔々《とうとう》と流れていくような、この上なく強く大きくそして真っ直ぐな気のことですけれども、大谷選手にそういうものを感じたんです。トラウト選手も一発ホームランでも打ってやろうという気持ちだっただろうと思いますけれども、大谷選手の浩然の気というのがトラウト選手を圧倒していったんじゃないかと感じましたね。

それから、準決勝のメキシコ戦で九回裏に劇的な逆転勝利を呼んだのも大谷選手でしたね。先頭打者としてツーベースヒットを打って、ヘルメットを投げ捨てて全力疾走して二塁にまで到達して、ベンチに向かって叫びましたよね。あれで気の流れが変わって、勝ち運をこちらに引き寄せたと思うんです。訓練で掴《つか》んだのか天性で会得をしているのかは分かりませんが、大谷選手は気の流れを変えることもできるんだなぁ、と。あの青年から学ぶことは実に多いですね。

できないことにチャレンジしてこそ、自分のレベルが上がる

横田　とある出版社の方から聞いたのですが、この頃は中村天風《てんぷう》さんの本が書店でも平積みになっているそうです。これは、大谷翔平さんの影響だと言っていました。そういう本で気について学んで知ったのか、元々体得しているのか、監督はどうご覧になりますか。

栗山　彼の頭の中には常に少し先が見えているような感じがします。そこから逆算して、今、自分がしたいこと、やらなければいけないことが分かっているのではないかと。WBCにしても、これを勝つと次世代の子供たちに希望のメッセージが送れるとか、日本の野球が世界に認めてもらえるとか、普通の人が考えていることとは違う大義がいつも流れているように感じることがありますね。

横田　ああ、なるほど。

栗山　普通の選手はああいう追い込まれた状況に直面すると、「もしダメだったら」というマイナスのイメージが頭の中に浮かんでいるように見えることがあります。でも、翔平の場合、どんな場面に置かれてもそういうマイナス思考になっ

ているようには見えないんです。百%プラスになるんだって信じて行動しているようです。

管長にお聞きしたいのですが、こういう心のコントロールというのは若いときからできているのと捉えていいのでしょうか？

横田　監督が教えたのではないのですか？

栗山　いやいや、僕は何もしていないです。翔平は僕ら以上にはっきりとしたプラス思考を持っています。ちょっと無理かなと思うようなことを僕らが要求しても、すごく嬉しそうな顔をしてやってくれるんですよ。

横田　ほほお。

栗山　要するに、自分ができないと思われていることにチャレンジすると、達成できてもできなくても自分のレベルが上がる、能力が引っ張り出されるということを知っているんじゃないかと思うんです。

横田　決してマイナスには捉えないわけですね。

栗山　全然、思わないですね。「ええ？」というような否定的な態度を取ることは全くありません。「それ、面白そうですね。行っちゃいますか！」みたいな雰囲気をいつも出しています。

横田　いやぁ反省ですね。私なんか、この対談の依頼が来たときも、「できません、できません、できません、できません……」って（笑）。

栗山　気を遣わせてしまって本当にすいませんでした（笑）。感謝しています。

お前に賭ける――「日本の四番打者」を任せるということ

横田　それから準決勝のメキシコ戦で村上宗隆《むねたか》選手が九回裏に逆転サヨナラヒットを打ちましたけれど、それまで四打数ノーヒットだったじゃないですか。このときも打てないかもしれないとは微塵も思わなかったわけですか？

栗山　ノーアウト一、二塁でしたから、監督として、もちろん代打を出して送りバントをするという選択肢もありました。

横田　そうですよね。

栗山　でも最終的には、この考え方がいいのか悪いのか分からないんですけれど、もし仮に得点できなかったとしても、僕らもファンの皆さんも、どう負けたら納得するのかっていうことがすごく頭にありました。
　そのときに、前年に三冠王も獲得し、ジャパンの四番に指名した村上に賭けようと思ったんです。大会前から彼には「お前に賭ける」と伝えていましたし、最後まで信じ切ることが一番だと思ったので、村上に「お前が決めろ」というメッセージを込めて打席に送り出しました。まぁ本当によく打ってくれたなと思います。

横田　信じているという思いは当然、村上さんにも伝わっていたでしょうね。私としては、あれが一番の感動したシーンでした。あんなことが現実に起きるのかと。

栗山　そうですね。

横田　あの試合で村上選手は五番を打っていましたね。それまでずっと四番を打っていた選手が五番に下げられるというのは、やはり屈辱的なものなのでしょうか？

栗山　特に村上は日本の四番を打ち続けたいという思いでやってきていましたし、僕も事前にそう伝えていたので、僕ら二人にとって五番にするというのは大きな打順変更だったんです。あのあと村上が僕のマネージャーに「監督、苦しんでいました?」って聞いたらしいんですよ。それをマネージャーから伝え聞いて、こちらの思いが百二十%相手に伝わっているなということは感じました。

侍ジャパンには「武士の精神・魂」が宿っていた!

横田　なるほど。それから監督にお伺いしたいのは、大会中に右手小指を骨折した源田壮亮《げんだそうすけ》選手のことです。二試合は休ませましたけれど、最後までスタメン(スターティングメンバー)で起用し続けたのにはどういう背景があったのですか?

栗山　試合中に相手選手と交錯して小指が完全に逆に曲がってしまい、医者の診断は全治三か月でした。心の底から一緒にやらせてあげたいとは思っていたんですけど、ショートというのは大事なポジションですからね。情に流されてはいけないと思って、彼を使った場合と使わない場合ではどちらが勝ちやすいかということを二日間考え抜いて、本人とも話しました。

そのときに、相当痛かったはずなのに、彼は最後まで決して「痛い」とは言わなかったんです。それがすごく印象的でした。

横田　普通に考えれば、とてもじゃないけどプレーはできないですよね。

栗山　本当は無理だと思うんですけれど、にもかかわらず、本人は「できます」と。だから彼に聞いたんです。「僕はファイターズの監督時代の十年間、自分のことよりも人のため、チームのためにすべてを尽くせる選手をつくりたかった。でも、なかなかつくれなかった。源ちゃんはなんでそんなに強いの？」って。

そうしたら、源ちゃんがグワーッと号泣して、「監督、僕は今回、自分が出て日本のためになろうと思いました。今まで日本代表に選ばれても、なかなか試合に出られなかったので、今回は僕で勝つんだと思ってここに来ました。この思いを遂げさせてください！　やらせてください！」と言ったんです。

その日は本当に信頼するに値するというか、並々ならぬ本気度を感じました。情ではなくて、彼の思いを借りたほうがチーム一丸となって勝ちやすいと確信して、もちろん動作の確認をしたうえですが、行けそうな感じがしたので行ってもらいました。ですから、そこは僕もすごくいい勉強をしましたね。

横田　単なる感情と熱意との見分けが難しいですよね。感情的なものに振り回されてしまうと監督として判断を間違うことがあるでしょうけれど、いろいろな事情を考慮したうえで、本人の内側から湧いてくる強い熱意を感じ取ったわけですね。

栗山　そうですね。大会中はずっと取材カメラが入っていて、その映像を中心に『憧れを超えた侍たち 世界一への記録』という映画ができました。その映画の中に、選手たちがベンチ裏の通路からグラウンドに行くときに、「源ちゃん、どこまでメンタル強いねん」「俺だったら無理や」みたいな会話をしている場面があります。それを観て、彼の魂が仲間に伝わっていることが分かりました。「ああ、彼を使ったことは間違っていなかったな」と思いましたね。今回優勝できた一つの大きな要因は、源ちゃんの魂だと感じています。

横田　ああ、やっぱりそうですよね。私も映画を観たんですよ。感動しました。まさに「侍ジャパン」という名の通り、武士の精神が生きていることを実感しました。

申し訳ないのですが、私、今までは西洋発祥のスポーツに〝侍〟とつけることに違和感を抱いていたんです。でも、今回のＷＢＣを見ていて、なるほど、このチームには東洋の侍の精神というものが生きている、〝侍〟という言葉を使うのはこういうところに意味があるんだなと思いました。

栗山　ありがとうございます。

横田　そして源田選手のお話を聞いて、ふと思い出しましたのが柔道の山下泰裕《やすひろ》選手のことです。ロサンゼルスオリンピック（一九八四年）のときに、山下選手は軸足の右足に肉離れを起こしたにもかかわらず、それを堪《こら》えて金メダルを取りました。あの精神とちょっと重なるようにも感じましたね。

栗山　ああ、そうですね。

「人の真心を信じて待つ」のもリーダーの仕事

横田　監督の『栗山ノート』（光文社）を読ませていただいていたら、その中に「人生の最大の喜びは、選手の幸せそうな顔を見ることである」という素晴らしい言葉があって書き写したんですけれど、今回のＷＢＣでその目標は達成したように思いますが、いかがですか？　選手の皆さんは実に幸せそうな顔をしていましたよね。

栗山　はい。確かに今回の大会では選手たちが喜んでくれたなという思いはあります。でも、選手たちはこれからも長い間、戦いを続けなくてはいけませんからね。大谷翔平みたいに変わらずに頑張っている選手は気になりませんけれど、WBC以降あまり状態が上がっていない選手たちのことはすごく気になります。

WBCの戦いを経たことがプラスになると信じていたんですけれど、今はまだ形になっていない。ここから自分に何ができるのか。終わったことはもう自分の中にはないので、ここから自分が何をすべきなのか、何をしなければいけないのかはすごく考えるところですね。

横田　ああ、なるほど。しかし、こうして振り返って改めて思うのは、よくあれだけの豪華メンバーを集められたなと。

栗山　今回のWBCは皆さんがつらい思いをしたコロナ禍《か》がようやく明けたところで、少し楽しめるような空気であったというのが一つよかったところだと思います。ちょっと偉そうではあるんですけれど、日本中を巻き込みたいという思いが僕の中にものすごくあって、そのためにどうしたらいいのかを考えました。

そのときに、ダルビッシュ有《ゆう》や大谷翔平や鈴木誠也《せいや》などメジャーリーグで活躍している選手も含めて、みんな夢を持てるチームにしたいなと思って、前年の夏にアメリカへ出向いて一人ひとりに僕の真心を直接伝えたんです。

正直言うと、そのときはあまり手応えがなかったというか、所属チームの事情で簡単にはいかないないなという印象でした。ただ、僕は「信じる」ってどういうことかなと自問して、そこから最終選考の時期までの半年近く、本人たちには一切連絡を取らなかったんです。

普通であれば、途中で「どう?」って聞きたくなりますよね。僕自身、結構すぐに手を打ちたくなるタイプなんですけれど、彼らの真心を信じて一切連絡しないって心に決めてずっと待ち続けたんです。人を信じて待つということ、今回はそれがすごく勉強になりました。

横田　選手を信じて待った。それがよかったと。

栗山　これは本人に聞かないと分かりませんけれど、信じて待った結果、逆に選手の側から、僕がずっと待っているということを感じてもらえたのかもしれません。そんなふうに思いました。

「国籍が違っても仲間」という感覚──ヌートバーの選考理由

栗山　それからメンバー選考に関してもう一つこだわったことがあります。今の時代、スポーツがグローバル化して、世界を繋《つな》ぐと言われていますけれど、野球はまだ盛んな地域が限られています。そこでラグビー日本代表にヒントを得て、メンバーに外国籍の選手を入れることを考えました。

国籍が違っても同じ仲間なんだという感覚を、野球を通して子供たちに伝えるべきだと思ったんです。それでヌートバーという選手を入れたんですけれど、また彼は人柄が最高でしてね。

横田　ヌートバー選手は一躍人気者になりましたね。日本名の達治にちなんで「たっちゃん」と呼ばれていることにも感動しました。

栗山　そうですね。本人もやりやすかったみたいです。お母さんが日本人とはいえ、アメリカで育ってアメリカでプレーしている選手が日本のチームに入るのがいいか悪いか、正直すごく迷いました。でも、最終的には本人の素質や能力、そして人柄を見たときに、絶対に日本代表に必要だと思って招集したんです。

選手たちが日本の野球のため、日本の子供たちのためを思って、大変な中でも出場してくれたことが、今回の大会の感動のすべてだったかなと感じています。僕は真心を伝えただけで、本当に何もやっていないので、ありがたかったです。

「選手全員がキャプテン」だからこそ、一体感が生まれる

横田　傍《はた》から見ていてもチームワークのよさが感じられましたけれども、チームづくりにおいて監督が大切にされたことはなんですか？

栗山　強い組織というのは、全員が自分の都合よりもチームの都合を優先し、全員がチームの目標を自分の目標だと捉えていることだと思っています。

そういうことを伝えるために、今回は長くミーティングをする時間がなかったものですから、三十人の選手全員に手紙を書きました。僕はあまり字がうまくないんですけれど、墨筆で。それを代表合宿がスタートする日に、ホテルの各人の部屋に置かせてもらったんです。

横田　ああ、手紙を墨筆で。しかも三十人全員にですか。

栗山　はい。真心ってそういうものでしか伝わらないような気がしたものですから。

横田　確かにメールで来るのと墨筆の手紙では全然違いますね。恐れ入りました。手紙にはなんと書かれたんですか？

栗山　僕が手紙に書いて伝えたかったのは、あなたは日本代表チームの一員なのではなく、あなたが日本代表チーム、要するに自分のチームだと思ってほしいということです。会社でも同じだと思うのですが、自分は会社の社員の一人にすぎないと思ってサラリーマン意識で勤めているのか、オーナー経営者だと思って働いているのかでは感覚が全く違いますよね。僕は、全員に「このチームは俺のチームだ」と思ってプレーしてほしかったんです。

そのために、普通であればキャプテンを一人指名するわけですが、今回は全員がキャプテンだということで、キャプテンを置きませんでした。

横田　それは監督の判断としてそうしたんですね。

栗山　正直言って、僕が相手にできるような選手たちじゃなくて、本当にトップクラスが揃っていたので、一人にプレッシャーをかけるよりも、そうしたほうが勝ちやすいと判断したんです。

そうしたら、初日のミーティングが終わったあと、ダルビッシュが僕の部屋に来て、「監督、全員キャプテンOKです。あれ、いいですね。しっかりやります」みたいなことを言ってくれました。

横田　なるほど。確かにベンチにいる控え選手も含め、チームの一体感が画面からも伝わってきました。

控えの選手が、出ている選手以上に「勝ちたい」と思えているか

栗山　一流選手ばかりだからこそ、変な気の遣い方は必要ない。逆に、思いっ切りわがままをぶつけようと思ったんです。彼らは自分が出たいというような気持ちは捨てていて、勝つためには自分よりこの選手が出たほうがいいと分かっている。だから、こちらがちゃんと判断しないと、逆に不信感を持つと思いました。

横田　確か「ベンチにいる人間が出ている選手以上に勝ちたい、勝たせたいと思

っていたのがよかった」とおっしゃっていたと記憶していますけれど、それはすごいことですね。

栗山　野球の試合は九人しか出場できません。たとえば、試合に出ていない選手がベンチにふんぞり返るように座って傍観しているチームなのか、それとも前のめりになって声を出しながら、いつ自分に出番が来てもいいように準備をしているチームなのかでは全く違います。要するに、他人事《ひとごと》にするチームはやっぱり勝ち切れないと思うんですよ。

僕はそれをファイターズの監督をしていたときに実感したので、侍ジャパンのメンバーに「自分のチーム」「全員がキャプテン」なんだと伝えたんです。今回のWBCではそれを見事に発揮してくれて、全員が前のめりでやってくれました。

横田　ああ、なるほど。

栗山　先ほど話した準決勝で村上が決勝打を放った場面も、代走で出場した一塁ランナーの周東佑京《しゅうとううきょう》は、村上が打った瞬間にスタートを切って、驚異的な速さでホームに帰ってきたんですよ。僕としては、打った瞬間に打球が外野を抜けるかどうか分からなかったんですが、試合後に周りのスタッフから「監督、周東はちゃんと準備していました」と聞きました。周東曰《いわ》く、「試合に出場する機会は少ないけれど、全員のバッティング練習をちゃんと見ていました。村上は確かに調子悪かったけど、左中間の打球だけは伸びていたんですよ。だから、あの瞬間、抜けると確信しました」と。

横田　一人ひとりが勝つために自分の役割、チームへの貢献に徹していたのですね。素晴らしいですね。

栗山　本当にいいチームだったと思います。準決勝の試合前、翔平が周東に「今日は必ずお前の足で勝利が決まる。だから、準備してくれ、頼むな」と言っていたらしいんですよ。そういうふうに勝負の瞬間への準備を全員がしてくれていた。監督の指示を待つのではなく、信頼関係の中で自らが責任を取ろうとし、勝つために仕事をしてくれていた。それが結果的に勝ち切った要因だと思います。

横田　へえ、大谷さんがそう言っていたんですか。改めてすごい選手ですね。

栗山　彼は「勝つために」ということについて本当にクレバーですね。

勝利し続ける理由——みんなが「それぞれの立場」で勝負をする

横田　監督として特に印象に残っている場面というのはありますか？

栗山　まあ、どの試合も結構修羅場ではあったんですけれど、決断に迷ったのは二度ありました。一つは、準決勝のメキシコ戦で三対三の同点になって日本のエースである山本由伸《よしのぶ》をマウンドから下ろしたときです。そこまでたった二本しかヒットを打たれていないエースを代えるべきかどうか、一瞬ですが、迷いました。

そこで決断して山本由伸から阪神の湯浅京己《あつき》にピッチャーを交代したのですが、ランナー一、三塁という場面でメキシコの一塁走者に盗塁されました。湯浅をマウンドに送り出すときに、ブルペン担当の厚澤和幸《あつざわかずゆき》コーチが「走られてもいいから足を上げていい球を投げろ」と言っていたんですよ。そして湯浅は思い切って足を上げて投げた。普通、そういう指示って監督の許可がないと怖くてできないんです。裏目に出たときに批判の的になっちゃうので。

でも厚澤コーチは、監督とは以心伝心で、確認をせずともきっとこの決断を納得してもらえるだろう、僕に言ったら絶対ＯＫを出すと思ったのでしょうね。そういう信頼関係の中で決断して、自らの責任でそう言ったわけです。そのシーンで勝った負けたではないんですけれど、みんなが勝つためにそれぞれの立場で勝負をしてくれていたんです。そういうことがたくさんありました。

もう一つ決断に迷ったのは、先ほどもお話しした同じメキシコ戦の最終回の村上の場面。最初は牧原大成《たいせい》を代打に出してバントをさせるつもりで、守備・走塁担当の城石憲之《しろいしのりゆき》コーチに「大丈夫だよね、牧原、バントの準備はできているよね？」と聞いたんです。すると普通ならすぐに「はい」と返事をするのに、そのときは、一瞬、間があって「……はい」という感じだったんです。

たぶん城石コーチは、なんらかの根拠があって、村上で勝負したほうがいいと感じていたのでしょうね。ただ、その理由を言うと僕が決断に迷うと躊躇《ちゅうちょ》したのだと思うんです。

僕は彼が何を言いたいのかと考えて、結局、そのまま村上を打席に送りました。結果としては、それが勝利に繋がったわけです。あとから聞きましたけれど、城石コーチは牧原がバントを成功させる可能性は低いと見ていたんですね。牧原本人もちょっと不安がっていたそうです。

このように、瞬間瞬間に勝利のヒントが散りばめられていたんです。みんなの思いにすごく感謝しました。

勝利の女神を振り向かせるために、必要なもの

横田　そのメキシコ戦で忘れ難い場面の一つが、七回表にメキシコの選手の盗塁が一度はセーフと判定されながら、栗山監督の抗議でビデオ判定となり、アウトに覆ったところです。あれで気の流れが変わったように思いました。その直後の七回裏に吉田正尚《まさたか》選手が起死回生の同点スリーランホームランを打ちましたよね。

栗山　おっしゃる通り、あそこが起点になって試合の展開が変わりました。僕が常々大事にしているのは、少しでも何か思ったんだったら、できる限りの行動を起こしておかないと神様が許してくれないのではないか、ということなんです。

横田　神様ですか。

栗山　天の意志のようなものと言ってもいいと思うんですが、野球の監督を長くやっていると、どうやっても勝てないと思うときがあるんですね。お前たちの努

力の仕方、生きざまは認められないって神様に言われているような感じで、どう手を打っても戦況が動かないんです。

ところが、うまくいくときってなにをやってもうまくいく。そういうときは僕が采配《さいはい》しているのではなくて、天の神様がやっているような感じがするんです。そうなるように、勝利の女神にこちらを振り向いてもらうにはできることはすべてやり尽くさないといけないと思っているんです。

ああいう際どい判定の場面では、抗議しても判定が変わらないことも当然あって、そうすると変な間ができてしまうだけなので決断が難しい。ですから、微妙な判定でも絶対に変わらないと思って抗議しないケースもあるんですけれど、あのメキシコ戦のときは、誰かが背中をポンと押してくれたんです。

そうやって上のほうから「行け」って言ってくれるときがあるんですね。僕がやっていないというのは、そういう感覚があるからなんです。

横田　そういうものがよい気の流れをつくっていくのかもしれませんねぇ。

私心を消したとき、物事はいい方向に進む

横田　栗山監督にお会いする前は野球と禅が一体どう関連するのであろうかと思っていましたけれど、監督の本を読んでいて飛田穂州《とびたすいしゅう》という人の言葉に「野球は無私道《むしどう》」とあると知って感動しました。そのとき、私が思い出しましたのが、白隠《はくいん》禅師の『遠羅天釜《おらてがま》』という書物の中に出てくる話なんです。

栗山　どんな話ですか？

横田　お釈迦《しゃか》様があるとき、一番弟子の迦葉菩薩《かしょうぼさつ》に「どのような修行をすれば、大涅槃《だいねはん》（悟り）に至ることができるか」と質問なされました。すると迦葉菩薩は「坐禅が大事だ」とか「戒律を守ることが大事だ」とか、思いつく限り答えるのですが、お釈迦様はすべて許可なさらなかった。そこで迦葉菩薩が「では、一体何が必要ですか」とお尋ねすると、お釈迦様は「ただ無我の一法のみ、涅槃に契《かな》うことを得たり」とお答えになった。つまり、私を無くすことだというんです。

そこで、ああ、なるほど、こういうところで野球と禅の道が通じてくるのかと思いました。これは非常に大きな発見でございました。野球も私心を去ることに

よって、今言われたような天の神様、大いなる意思と一つになっていくのでしょう。こうなってくると、我々の仏道修行と同じです。

栗山　僕が尊敬している稲盛和夫さんも「動機善なりや私心なかりしか」とおっしゃっていますが、魂がきれいに磨かれた状態になっていると、物事がいい方向に進むような気がします。

選手のために、チームのために、ファンのために、というような自分以外の誰かのため、何かのためということを考えてやっていると、「私」が消えていく感覚があるんです。

運と神様は、周囲のために尽くす人に味方する

横田　お聞きしたところによると、栗山監督はWBCが終わったあと、チェコを訪れたそうですね。私はそれを知って感動しました。チェコと言えば、WBCの一次ラウンドで日本と対戦し、大差で敗れたものの、その清々《すがすが》しいスポーツマン

シップが注目を集めましたよね。

栗山　チェコ代表の監督は神経内科医で、選手も皆それぞれ本職を持ちながら野球をやっているアマチュアのチームです。彼らと試合をしていて、その全力プレーに勝ち負けを超えてものすごく感動したんです。象徴的だったのは、佐々木朗《ろう》希《き》の百六十二キロの剛速球が膝に直撃したときの態度です。デッドボールを受けた選手はしばらく悶絶《もんぜつ》した後、一塁線上を走り出しプレーを続行したんですが、これには驚きました。

そういう彼らの必死さに触れたときに、試合中なのに感動してしまいました。勝ち負けではなく、これがスポーツの原点なのかもしれないと思い、どうしても現地に行ってみたかったんです。

横田　そこでチェコの監督かコーチから「素晴らしい選手になるためにはどうすればいいですか」と聞かれたときの栗山監督の答えにも、私は心を打たれました。「素晴らしい選手になるためには、よりよい人間にならなくてはいけない」と言われたそうですね。

栗山　チェコ代表の人たちは人間性が素晴らしいですよ。彼らと向き合ったときに、スポーツがどうあるべきか、人はどう生きるべきかを教えていただきました。

野球って運の要素も強いスポーツです。内野手の正面に飛んだ打球がイレギュラーしてヒットになるとか、打ち損なった打球が野手と野手の間に落ちて点が入るとか。だから、運をいかに味方につけるかというのが一つのテーマになるのですが、それは結局、生きざましかないなと思うんです。周囲のために尽くして生きている人には神様や天が応援してくれる。僕にはそういう感じがすごくあります。

横田　WBC世界一の勝運を呼び込んだ要因もそのあたりにありそうですね。

栗山　そうですね。選手たち全員が自分を捨ててくれた、自分のことよりチームが勝つために何をするかに集中してくれた。要するに、「無私」になってくれたことが大きかったと思います。

あれだけ能力の高い一流の選手たちですから、当然プライドもあります。でも、ずっと試合に使ってあげられない選手もいるわけです。そのときに、普通であれば「俺を使えよ」「なんで出してもらえないんだ」みたいな気持ちも心の中で生まれますよね。

でも、今回のチームはそんなことが一切なくて、大会の途中から皆が私心を消してくれて、ベンチにいてもとにかくチームが勝つために明るく声を出して盛り上げたり、誰かが活躍すると心の底から喜んでくれました。そういう空気がやっぱりチームを引っ張って前に進めたという実感があります。

選手が心のスイッチを入れた瞬間、チーム全体が走り出した

横田　先ほど「全員がキャプテン」と言われていましたけれど、ベンチの人間がその実感を持つのはなかなか難しいと思うのですが、その点はいかがですか。

栗山　全員が自分を捨ててくれてチームのために尽くしたら、勝ちに近づく可能性が高いと考えて「全員がキャプテンだから、一人ひとりが俺のチームだと思ってやってほしい」と言ったんですけれど、いくら言葉で説明しても勝てるイメージが持てないと伝わらないケースがありますよね。

そういう仕掛けはこちらが考えてやるんですけれど、それとは別に、選手が自分の心の中にスイッチをポンと入れてくれる瞬間があると思うんです。そのきっかけとなったのが、たとえば骨折してもプレーする源田壮亮やボテボテのゴロで

も一塁まで全力疾走するヌートバーなどのプレーだったと思います。彼らの気魄《きはく》や魂が重なって、選手たちを信じて任せていたらチーム全体が自然と走り出してくれる空気になりました。

横田　源田選手と監督とのやり取りは本当に感動的ですね。源田さんは激痛を堪えて、「とにかくチームのために」と出場を志願したと思うんです。監督も分かっていたから、「源ちゃんはなんでそんなに強いんだ」と聞いたと思うんですが、源田選手はもともと「チームのために」という考え方が強い方なのですか？

栗山　もともとそういうことを考えてやってきた選手だと思います。彼が西武ライオンズのショートのレギュラーになってから西武が一気に勝ち出したんです。もちろん守備はうまいんですけれど、攻撃力もありますし、何よりもチームのためにどうしたらいいかをいつも考えてチームを引っ張れる選手です。

今回はさすがに全治三か月の骨折だったから無理かもしれないと思いました。でも、彼は何があってもやるって自分でもう決めているんですよ。一切ブレていないんです。

僕もチームを世界一にする責任があったものですから、彼と話した瞬間、この魂を借りたほうが世界一に近づくと感じて、「源ちゃん、行くぞ。その代わり、俺、源ちゃんが怪我したこと、一切忘れるからいいね」と言葉をかけたんです。先ほど源ちゃんが号泣したと言いましたけれど、あとになってそのことを話したら、「監督のほうが先に泣いていましたよ」って言われました（笑）。僕、そういう選手を見ていると感動するんですよね。

横田　その場面が目に浮かぶようです（笑）。

組織を強くする「掛け算・化学変化」を起こすには？

栗山　そのときに僕は源田壮亮という選手がどんな選手だと思って見ていたかという話をしたんです。「源ちゃん、ファイターズは西武にいつもやられたけど、それは源ちゃんの魂があったからだ。源田壮亮はそういう選手だと俺は思っている」と。そういうふうに彼を信じる中で、やれるのかどうかという問いかけをしたわけですね。あとで「それは、やれって誘導しているんじゃないですか」と人からは言われましたけれど、そういうことではないんです。そういう選手がいてくれたことが今回の勝因だったのかなと思うんです。

横田　そのように選手をうまく導いていくというのが栗山監督の素晴らしいところなのでしょうね。

栗山　いやいや、僕もそれができなくて、ファイターズ時代に苦しんでいるわけですね。ですから、「どうしてそうなるんですか」って聞かれると、すみません、答えは分からないんですよ。いつもそうしようと思ってやっているんですけど、なかなかできない。

でも、WBCのときは一流選手ばかりで、能力はもちろん思考のレベルも高いので、それぞれの選手が自分たちがどうしたらチームのためになるのか、日本の野球のためになるのかを考えてプレーしてくれた。僕は掛け算や化学変化を起こすためにあのメンバーを選んだだけで、あとは選手たちがやってくれた。だから本当に感謝しかないです。

第二章

その人の「生き方」が、その人の「運」になる

——勝利の女神があなたに微笑む瞬間

人知と人知を超えたもの――二つの力で世の中は動いている

栗山　昔、三原脩《みはらおさむ》さんという方がいました。職業野球、つまり現在のプロ野球の契約第一号となった方で、読売巨人軍や西鉄ライオンズなど五球団で監督をされました。六年連続最下位だった大洋ホエールズを監督就任一年目で優勝させ、その采配《さいはい》は「三原マジック」と呼ばれました。監督を退いてからは、日本ハムファイターズの球団社長も務められました。

僕は三原さんの野球にすごく興味があったのですが、この三原さんが『運の研究』という本を出されているんです。

横田　ああ、そうなんですか。

栗山　そういうところにも三原さんに傾倒した理由があります。僕は勝負に勝つためには運をどう引き寄せるかがすべてだと思っていました。ですから、監督になってからは運に関する本を何冊も熟読しました。運というものにすごく惹《ひ》かれるところがあって、どうすればそれをチームに持ち込めるかということが監督としての最大のテーマだったんです。

横田　なるほど。五十歳で将棋の名人位を獲得した米長邦雄《よねながくにお》さんは、大きな勝負の前に必ず自分の運がよかった場所に行って、そのときの感覚を皮膚で感じてから対局に臨んでいたという話を聞いたことがあります。

栗山　それはよく分かります。僕が野球以外で尊敬する球団経営に携わる人間がいるんですけれど、彼も大事な決断をするときには、日本初のプロ野球球団である大日本東京野球倶楽部（現在の読売巨人軍の前身）がスタートした東京銀座の数寄屋橋《すきやばし》に行って、どうするべきか熟考すると話していました。プロ野球の先人たちの運をいただきながら決断するんだと。僕の周りを見ても、球界にはそういう運を大事にする人がすごくたくさんいるように思います。

横田　やはり勝負の世界だからでしょうか。

　私が運というものについてずっと考えてきて思うことは、世の中には必ず相反することが二つ同時にあるのではないかということなんです。人間の努力によってなんとかなる世界もありますし、人間には計り知れない何ものかが働いて動いていく部分もあるような気がします。この二つによって世の中は成り立っていると思うのですが、人知を超えたものがなんであるか人間には分かりません。だから、人間は神様というものを考えたり、験《げん》を担いだりするのではないでしょうか。

運を動かすような生き方をする

栗山　その分からないところは人間の発想や理論の及ばない世界ですから、何をどうやったところで分からないのですけれども、それを解明しようとして、易という法則を見いだしたり、宗教や信仰を生み出したのではないか。構造的に見ますと、そんなふうに整理できるのではないかと近頃は思っているんですけどね。

横田　ああ、よく分かります。

栗山　監督の本には「運を動かすほどの努力をする」と書いてありましたけれども、一つの道を成し遂げた人は皆、「天が味方をしてくれた」と言いますね。監督も先ほど神様や天が味方してくれるとおっしゃいましたけれど、おそらく野球の神様が味方をしてくれるような生き方を常にしているのではないでしょうか。それがWBCの優勝という形で結実したようにも感じます。

栗山　今、管長が言われた通りかもしれません。僕はたいして能力のある人間ではありませんけれど、WBCのときは確かに天が味方してくれたように感じました。その根底に日頃の行いがあったと断言することはできませんけれど、なんとか運を引き寄せようと、野球をしていないときも含めて努力をしていたことは間違いありません。その結果、見えない何ものかの計らいによって勝たせてもらったようにも思います。

そもそも、そんなことでなければ、僕のような人間がジャパンの監督になるなんてありえませんし、ましてやチームが世界一になるなんて考えられません。

横田　いやいや、とんでもない。あの優勝はやはり栗山監督の素晴らしい采配があってこそだと思います。それについてはお話を伺っていて確信しました。そんな栗山監督の努力を見て、野球の神様が味方をしたということなのではないでしょうか。

栗山監督の話はなぜ、聴衆をいつも感動させるのか

横田　今夏（二〇二四年）、栗山監督には円覚寺の夏期講座にお越しいただいて、講演をお願いいたしました。おそらく源田さんや村上さんの話は何十回もされて

いると思うのですけれど、まるでついこの間あった出来事を初めて皆さんに伝えるかのごとく熱っぽくお話しくださって、これは真似できないなと思いながら拝聴しておりました。

我々もそうですが、同じ話を繰り返すほど難しいことはない。切れが鈍るというのか、つい手を抜いてしまうことがあるんですけれども、そんなことは微塵《みじん》もなくて聴衆を感動させておられました。その様子を見ていて、いやぁ、あれはなかなかできることではないなと感服いたしました。

栗山　あの日は雨が降っていて、ちょっと足元も悪かったんですけれど、僕的には雨の降る円覚寺がとても素敵で、心の静けさを感じたというか、とても落ち着いた気分になりました。そういう中で、お寺の皆さんが普段の生活の諸々を一つひとつ丁寧にやっているのを拝見して、短い時間だったんですけれど、感動していたんです。本当に僕がこんな場所でしゃべっていいのかなって思っていました。

横田　控室でも、「管長、本当に私がしゃべっていいんですか」って何遍も言っておられましたね（笑）。

栗山　管長のお話を聞いて勉強したいという方たちが来ているのに、野球の話で大丈夫かなぁと心配だったんです（笑）。

横田　いえいえ、あの日は栗山さんの話を聞きに来る人がほとんどだったんですよ。本当に有り難いご縁をいただきました。

誰に対しても同じ態度が取れるか――リーダーの条件

横田　あの日、印象深かったことがあります。講演が終わった後、うちの修行僧が感激しているんですよ。どうしたのかと聞いたら、栗山監督にお茶を出したら、わざわざ自分のほうを向いて丁寧に頭を下げられたと。

私も確かにその場面を見ていて覚えているんです。あのとき栗山監督はどなたかと会話をしていたんですね。その間にうちの修行僧がお茶を出して、スッと立ち去った。それに気がついた監督は立ち上がって、修行僧のほうを向いて「ありがとうございます」と言われたんですね。修行僧にしてみれば、あの世界の監督がわざわざ自分のほうを向いてお礼を言ってくれたというので、すっかり感動してしまったわけです。

栗山　当たり前のことをしただけです。たとえば、すごく偉い方がお茶を持って来られたら、誰かと話していても絶対にお礼を言いますよね。でも、それが知らない若い方だったら何も反応しないというのはどうなのかなと思うんです。
些細《ささい》なことのようですけれど、同じ人間であるし、やってきた実績によって態度が変わるというのは、監督として一番信頼をなくす行為だと僕は思っています。誰に対しても同じ行動が取れるかどうかが組織のリーダーにとって大事だと思っているので、できないときもあるんですが、なるべくそこは心がけていますね。
横田　先に監督は生きざまが大事だというお話をされていましたが、そういう日常の小さな一つひとつを見逃してしまうことが、何か大きな勝負のときに運が逸《そ》れてしまう原因になると考えておられるのでしょうか？
栗山　そうですね。先ほどもお話しした通り、野球って失敗したことが勝ちに繋《つな》がることがあるスポーツなんです。打ち損なったボテボテのゴロが内野の間を抜けて点が入り、その一点で勝つとか。やっていることは失敗なのに、結果的に勝つという現象がよく起こります。これは人生も同じだと思うんですよ。一所懸命やって自分ではうまくいかなかったけれども、それが逆によい縁を生んで形になっていくことってありますよね。

横田　まさにそれが人生というものだと思います。

運には「偶然性の運」と「必然性の運」の二つがある

栗山　勝つためにどうしたらいいかって追い込んでいったときに、僕が試合を見ながらいつも感じていたのは、運を引き寄せるほうじゃなくて、運に見放されるほうなんです。

横田　運に見放されるほう？

栗山　負けているときにサインを出して選手を動かしたり交代させたり、さまざまな手を打つんですけれど、何も反応しないことが結構多いんですよ。

横田　ああ、試合が動かなくなるとおっしゃっておられましたね。

栗山　はい。そういうときは負けパターンになっていて固まっているのが分かるので、それをなんとか動かそうとあれこれ手を打つんです。でも、何をやっても試合の流れが変わらない。そのときに、天から「今のお前らの生きざまは絶対認めない、何をやっても俺は絶対認めないから、こんなんじゃダメだと思え」みたいに言われている感じがするんですね。これはたぶん、監督を経験している人はみんな思っているんじゃないかと思います。

横田　ああ、そういうものですか。

栗山　そこで、「よし、今回は認めてやる」と天に言ってもらうためには何をしたらいいのか。そう思ったときに、人のために尽くしたり人に喜んでもらったりしていたかと自分の生きざまを考えることがすごく多いんです。常日頃、人のために尽くしたり人に喜んでもらったりすることによって、周りから応援してもらえる状況や環境をつくっているかどうか。それが運を引き寄せるためには大事なのではないかと思うんですね。

　たとえば、雨が降ってコールドゲームになりそうになっているケースがあります。そのときに勝っていてそのまま勝つこともありますし、負けていて逆転できそうだと思っていてもそのまま終わってしまうこともある。それも運だと思うのですが、そんな運さえも引き寄せないと優勝することは難しい。だから、答えは分からないのですが、どうしたら運を引き寄せられるかについて、僕はいつも徹底的に考えていました。

横田　勝つためには運を味方につけなくてはいけないと。

栗山　ええ。野村克也《かつや》さんは運を二つに分けて選手に説明していました。運には偶然性の運と必然性の運があると言われるわけですね。つまり、自分が持ち込める運と人為では動かしようのない運がある、と。それは重々承知のうえで、ちょっと偉そうな言い方になってしまいますが、僕としては偶然性の運さえもコントロールしたいと思っていました。そうすれば勝ちにより近づくからです。

そんなコントロールできない運をコントロールするためにはどうしたらいいのかと考えると、やっぱり人のために尽くし人に喜んでもらうことをすることなのではないかという結論にたどり着くんです。

挨拶・笑顔――小さなことが積み重なって、運に繋がる

横田　それはその人の日常の生活態度ということですね。

栗山　はい。たとえば、選手が朝、「おはようございます」って挨拶してくれた

ときに、こっちが考え事をしていて挨拶が疎《おろそ》かになったりしていなかったかとか、ちゃんと向き合って明るく笑顔で人に接しているかとか、すごく小さな積み重ねだと思うんですけれど、そういう姿勢が足し算のように積み重なって運に影響しているように思うんです。

横田　人であれチームであれ、一挙手一投足の積み重ねが勝利の女神が微笑《ほほえ》む要因になるということなのでしょうか。

栗山　僕がファイターズの監督時代、二度目に優勝した二〇一六年は十五連勝したんです。これは僕の感覚ですけれど、自然と結果が出ているときは、相手がミスして自滅することが比較的多いんです。要するに、自分たちは当たり前のことを当たり前に淡々とやっている感じなんですよ。ここで絶対に打ちそうにない選手がホームランを打つとか、いわゆる劇的なことが起こって勝つのではない。

ですから、スーパーヒーローを求めるのではなくて、少なくともまず練習の段階から自分にできることだけは確実にやり切る。それが大事です。そういうところを神様は見ているのかなと思います。その積み重ねがあって、何かのタイミングで神様から認めてもらえる。「お前ら、よく頑張った」と応援してもらえるのかなって。ですから、最終的には生きざまなのでしょうね。

横田　私は子供の頃、剣道をやっていまして、よく言われたのは、「道場に来てからが稽古じゃない。朝起きてからが稽古だ」と。日常の生活態度が大事だということは昔から言われていることなんですね。結果に違いが生まれるのは、それを聞き流すか、栗山監督のように実直にきちっとやり抜くかの違いでしょう。

運を味方にする姿勢がある――ピシッと真っ直ぐ立つ

横田　栗山監督は、勝つチームは試合に出ていない選手がベンチにもたれかかって見ているんじゃなくて、身を乗り出しているともおっしゃっていましたね。

栗山　「俺、試合に出てないし」みたいなベンチの空気ではやっぱり勝ちにくいですね。試合に出ていない人間も、「よし、行くぞ」という姿勢で、皆で一丸になって戦っている。「チャンスがあったら俺が行くからね」という空気がベンチにあると、勝てる可能性がより高くなるように思います。

横田　そういう雰囲気をつくり出すために、どんなことを意識しますか？

栗山　僕が監督のときに気をつけていたのは姿勢です。これは斎藤佑樹《ゆうき》にも言われたんですよ。「監督って立ち方すごく意識してますよね」って。よく見ているなと思いました。負けているときに監督の立ち方が砕けるというか、ビシッと立っていないと、やっぱりダメですね。

横田　野球のことはあまりよく知らないんですけれど、監督は座っていてもいいんでしょう？　でも、栗山さんはずっと立ったままいるわけですか。

栗山　僕は基本的に攻撃のときには立っていて、守備のときは座っているのがパターンでした。攻撃のときにはサインを出すので立っていますが、守っているときには監督がバタバタせずにどっしり落ち着いていたほうがいいので座っている。ピッチャーが投げていて、ずっと座っている監督が急に動き出すと周りがわさわさするというか、ちょっと空気が動くんですね。そこは意識して気をつけていました。

でも、勝てない時期は守っているときもずっと立っていましたけどね。

横田　ああ、負けていてもビシッと立っているわけですか。

栗山　はい。立ったまま微動だにしないというか、「大丈夫だよ、ここからひっくり返すからね」って言葉で伝えるよりも態度で示そうとしたんです。そのときは、腰を入れて真っ直ぐ立つということにすごく気をつけていました。

横田　素晴らしいですね。それは誰かの影響ですか。それとも自分で考えてのことですか。

栗山　それこそ森信三先生の本を読んでいて、「腰骨を立てなさい」とあったことにヒントを得たんです。

試合中、選手たちは監督の雰囲気を結構見ているんですよね。大量点を取って監督がニヤニヤしちゃうと、選手の気持ちが緩んで思わぬ怪我《けが》やアクシデントが起こったりします。だから、勝っているときこそ、余計にビシッとしていないといけない。この真っ直ぐ立つということは、ベンチの空気が緩んでしまわないように、僕が実践して選手に「気を抜くなよ」と伝えようと思って始めたことなんです。

横田　立ち姿が醸《かも》し出すものってありますよね。私も立ち姿を見ると、この人はどういう人なのか、どれだけ修練をしているのかは、ある程度見えるような気がいたします。言葉で何かを言うより姿勢で伝える。これは大事ですね。

「我あるがゆえに敵あり。我なければ敵なし」の極意

栗山　管長は剣道をやられていたと言われましたけれど、『猫の妙術』という猫に剣術の心得を語らせた本がありますよね。家に鼠《ねずみ》が出たので近所中の鼠捕りがうまい俊敏な猫を集めて捕らせようとするけれどうまくいかない。

そこで、最後にベテランの老猫を連れてきたら、動きはゆっくりで遅いけれど、じりじりと鼠を追い詰めて捕ってしまったという。山岡鉄舟《てっしゅう》が愛読していたそうですけれど。

横田　ああ、『猫の妙術』ですね。お読みになったんですか？

栗山　はい、何回も読んでいるんですけれど、肚《はら》落ちまではいっていなくて……。最後のほうに「我あるがゆえに敵あり。我なければ敵なし」とあって「相手の中に自分がいる」というような説明があるのを読んで、一瞬、なるほどと思ったんですけれど、次に読んだらまた分からなくなってしまう。巨人の監督を長く務めた川上哲治《てつはる》さんは何度も参禅に行かれていましたが、その気持ちがちょっと分かるような気がしました。

鉄舟は禅に傾倒していたということですが、禅の道と剣の道というのは相通ずるようなものはあるんですか？

横田　山岡鉄舟の場合は完全に一致していたと思います。

栗山　ああ、そうなんですか。

横田　あの人は剣の達人であったのに、あれだけの動乱の時代を生きて一人も斬らなかったと言いますね。禅に関しては、お坊さんも兜《かぶと》を脱ぐぐらいの修行をしていたと。ですから、我々から見れば完全に禅の人ですし、剣の世界から見れば完全に剣の人でしょう。その両方とも極めた人でしょうね。

栗山　両方とも極めた。すごいですね。

横田　鉄舟は円覚寺の今北洪川《いまきたこうせん》禅師や天龍寺《てんりゅうじ》の滴水《てきすい》禅師にもついて修行をしていました。禅の修行を終えると、修行が終えたことを書いて渡す印可状《いんがじょう》というものを渡すのですが、鉄舟は滴水禅師から印可を与えられています。

余談ですけれど、この滴水が鉄舟に与えた印可状が、去年（二〇二三年）、谷《や》中《なか》の全生庵《ぜんしょうあん》で発見されたんですよ。

栗山　全生庵というのは鉄舟が建立したお寺ですね。

横田　はい。全生庵の平井正修《しょうしょう》住職に聞いたら、表装も何もしないまま、誰にも見せずに鉄舟が隠していたということなんです。滴水が山岡鉄舟に与えたということは伝わっていましたけれど、印可状は見つかっていませんでした。今までいろいろな人が調べたのですが、行方が分からなかったんです。実際に見せていただきましたが、まさに滴水が鉄舟に与えたものだと思います。実に素晴らしいものでした。

栗山　それは貴重なものですね。

横田　誰にも見せずに隠していたというのがすごいですよね。普通ならちょっと見せたがったりしますけどね（笑）。この話も鉄舟が禅を本当に極めていった方であったことを裏付けていると思います。

苦しき中に明がらす——山岡鉄舟の達観に学ぶ

栗山　管長の『はじめての人におくる般若心経』という本を読ませていただいたんですけれど、その中に五蘊《ごうん》と空《くう》の話が出てきますよね。実は最近、迷っていることがあったのですが、すべては現象にすぎないという説明を読んですごく救われる思いがしました。

　人間はどうしても心に引っかかることがあるとそれにとらわれてしまいますけれど、それを現象だというふうに思えば、何ものにも引っ張られることがない。もともとないものに勝手にとらわれているだけで、自分が嫌だなと思っていることも誰かに刷り込まれただけなんだと思うと、気持ちが落ち着きました。

横田　ああ、なるほど。あの話は自我をつくる条件となる五蘊（色《しき》・受《じゅ》・想《そう》・行《ぎょう》・識《しき》）を空であると見る、すべては実体のない現象であると見ることによって苦しみから救われるという原理を説明したものでございますけれど、監督もそれで救われる感じがなされた、と。それは、それは。

栗山　空というのもよく話には出てきますけれど、そもそもよく分からなかったんです。何も分からないほうがいいとも言われますけれど、「いやいや、でも、よく分かったほうがいいです」と思って読んでいるうちに、分からないことの意味がすごく幅広いということが分かりました。そんな感じで、僕は勝手に管長から教えてもらいながら前に進んでいるんです（笑）。

横田　ありがとうございます。

栗山　僕は山岡鉄舟に勝手に憧れて、ああいう微動だにしない人になりたいなってどこか思っているんですけれど、管長から見る山岡鉄舟は違うかもしれないなと思って伺ってみたのですが、実際のところはいかがですか？

横田　いや、私ら禅の立場から言っても、鉄舟は憧れの人です。あそこまで行ける人はなかなかいません。

栗山　ああ、そうなんですか。

横田　辞世の句が「腹いたや苦しき中に明がらす」というのですが、門人たちはこれを世に出していいかどうか迷ったんですね。剣の達人が「腹いたや」ではまずいのではないかと。そこで滴水禅師にこの句を公表していいかどうかと相談するんですよ。すると滴水は「これは鉄舟でなきゃ言えんことだ」と言って公表するように促したという話があります。これもまた見事と言いますかしらね。だけど、鉄舟の真似だけはできませんね。

鉄舟は確か五十三になる直前に亡くなったんじゃないかな。割と早かったんですよ。

栗山　ああ、そんなに早く。死ぬときに棺桶《かんおけ》に自分で入ってそのまま亡くなったという話もあるそうですね。

横田　いろいろな説がありますね。最後は坐禅をして死ぬんだと言ってそのまま息を引き取ったという話もあれば、勝海舟がやってきて「お釈迦様は横になって死んだじゃないか。そんなに気張るな」と諭したという話もあります。逸話が多い人ですね。山岡鉄舟は理想的な人物ですよね。

栗山　本当に魅力的な人ですね。見習うところがたくさんあります。

「人間学を学ばなければ何もできない」という栗山監督の思い

横田　ところで栗山監督は大の読書家として知られていますが、人間学に通ずる本と出逢ったのはどういういきさつですか？

栗山　僕は物心ついたときから野球をやってきて、大学生のときにプロテストを受けてヤクルトスワローズに入団しました。でも、大した活躍もできずに三十歳で引退したものですから、とにかく勉強しないと全《まった》く相手にされないような存在だったんです。

その後、野球解説者やテレビのキャスターをやらせてもらっていましたけれど、何を学んだらいいのか試行錯誤する中でいろいろな本に触れていきました。人間学を勉強しなければ何も生まれないというのを決定的に感じたのは、ファイターズの監督になってからですね。二〇一二年、五十歳のときです。監督になって人を育てなきゃいけないと思ったときに、人間学の本がすごく心に沁《し》み入るようになりました。

横田　本はどんなふうに読まれるのですか?

栗山　いわゆる本サーフィンをするんですよ。ある本を読んでいて、そこに別の本の引用とか紹介が出てくると、それを全部買っちゃうんです。そういうやり方で森信三先生であるとか稲盛和夫さん、もちろん管長もそうですし、いろいろな素晴らしい方たちの本と出逢うことができました。『致知』もファイターズファンの愛読者の方が贈呈してくださったのを機に購読するようになったんです。

横田　先ほども森信三先生の名前が出ましたけれど、森信三といっても知らない人のほうが多いと思いますが、どうやってたどり着いたんですか。

栗山　名前を知ったきっかけが『致知』だったか致知出版社の本だったか忘れましたけれど、森信三先生の『修身教授録』を読んだんです。そうしたら、その中に「人間は十二、三歳から十七、八歳辺《あたり》へかけては、自分の生涯の方向を定めるために、偉人の伝記を読むに最適な時期」「立志の時期であり、当《まさ》に生涯の志を立てるべき時期」という言葉があるのに目が留まりました。

それを参考にして、ファイターズの新人選手全員に、僕の愛読書である『小さな人生論』（藤尾秀昭著／致知出版社）を渡し、表紙の裏に人生の約束や将来の夢を書いてもらいました。その次にご両親と高校や大学の先生にも書いてもらって、最後に僕も書かせてもらうということを儀式として毎年やっていました。

このような形で、僕が学ばせてもらった人間学の教えを選手たちにも残してあげたいと思ったんです。

横田　それはいいですね。

素晴らしい本、素晴らしい方と出逢い、運を高める

横田　あと、渋沢栄一の『論語と算盤《そろばん》』についても栗山監督はしばしば触れられ

ていますね。

栗山　たまたま開いた新聞に経営者の方たちのアンケートが載っていまして、読んでいる本で一番多かったのが『論語と算盤』だったんです。それで興味を持って、早速買い求めて目を通してみたのですが、難しくて意味が分かりませんでした。こんな難しい本なのにどうして人気があるのかなと思っていたところ、ちょうど、守屋《もりや》淳《あつし》先生が翻訳した新書版の読みやすい『論語と算盤』が出ていたので読みました。読んでみて思ったのは、プロ野球選手も会社の経営もお金を稼ぐという点については一緒だなということです。ということは、『論語』の精神を生かすことで経営がうまく行くのなら、野球でも同じようにできるはずだと。それを選手に伝えたいと思ったんです。

横田　なるほど。

栗山　でも、本を読むことも大事ですが、私淑する方を同時代に持ちなさいとよく言われますよね。これが僕の弱点で、あまりそういう方が近くにいなかった。野球の恩師はいますけれど、人生や生き方について相談できる方、教えてもらえる方をつくることが今現在の僕の課題だと思っているんです。それで、今からでも遅くはないと思っていろいろな方々にお会いさせていただいているところなんです。

横田　すると監督が大きな影響を受けたと書かれている経営評論家の井原隆一《いはらりゅういち》さんも直接お会いしたわけではないのですか？

栗山　はい。直接お会いすることはできませんでした。でも、もう僕にとっては大恩師ですね。僕が古典の世界に傾倒するようになったのは井原さんのおかげに他なりません。『論語』や『孫子《そんし》』など井原さんの古典講義が五十時間くらい収録されているCDを、監督時代の十年間、行き帰りの車の中で毎日聴いていました。

横田　ああ、十年間毎日というのは生半可なことではありませんね。

栗山　ほとんど内容を暗記していて、井原さんのCDを僕以上に聴いた人はいないという自負があります。人間としての生き方や考え方について、井原さんから学んだことは本当に多いですね。

横田　お話を伺っていると、直接会ってはいないにせよ、本やCDといったものを通じてさまざまな先人と出逢ったことが栗山監督の生き方を決めていったのは間違いなさそうですね。

栗山　そうですね。その通りだと思います。

第三章

「出逢い」が、人の運命を変えていく

――運を味方にしている人に学ぶ

目の前の人の「素晴らしさ」を信じる——人との接し方の基本

栗山　僕からも管長にお聞きしたいことがあるのですがよろしいですか。管長の本を読めば載っている話ですけれど、直接お聞きしたかったことがあるんです。

横田　はいはい、どうぞ。

栗山　一つは、なぜ管長が中学生から高校へ上がるという段階で仏教の世界で生きようと決心されたのかということです。

僕らの野球であれば、投げたり打ったりが楽しかったりするので、早い時期からこれにすべてを懸けるという感じはよくあることで、僕もそうでした。でも、中学生くらいの年齢で仏教の世界に惹《ひ》かれていくというのは普通の感覚では分かりにくいのですが、本を読んだりお話を伺ったりと、自然にそういうふうになっていかれたように感じます。特に管長の場合はお寺に生まれたわけではなくて、在家の生まれながら非常に若くして仏教の世界にすべてを捧げる決意をされています。これはどういう経緯だったのでしょうか？

横田　ああ、それは出逢いでしょうね。優れた人とそれぞれよい時期に出逢ったということです。

栗山　どういう方と出逢われたのですか？

横田　まず初めに出逢ったのが目黒絶海《めぐろぜっかい》老師という方です。一般には知られていない方ですが、この人に巡り合ったのは小学五年のときでした。初めて坐禅をしに行った禅寺におられたのが目黒絶海老師でした。

もう五十年近く前になりますけれども、今も鮮明に覚えておりますのが、「今日お集まりの皆様はみんな仏様です」と言って老師が合掌をして我々を拝んだんです。最初は意味がよく分からなかったんですよ。確かにお寺で坐禅はしたけれど、我々の坐禅は仏になるような坐禅ではないのに、なぜそんなことを言われるのだろうかと。それ以降、ずっとその疑問を抱いていました。

それから何十年と坐禅をやってきて修行僧の指導をする立場になったとき、「ああ、そうだ。一人ひとりを拝むということこそ、禅の究極だ」と気づいたんです。

栗山　それはどういうことでしょうか？

横田　我々は仏心とか仏性という言葉を使うのですが、これをもっと平たく言えば、その人の持っている無限の可能性やその人の素晴らしさをこちらが手を合わせて拝み、信じるということにも通じます。こちらが何かをしてあげようと思うよりも、相手がよい方向に芽を出していくことを信じて手を合わせて拝んでいく。その心で一人ひとりに接していくというのが、禅の指導の究極なのだと気がついたんです。監督がWBCの選手を集めるときに、「信じて待つ」という言葉を使われましたが、あの気持ちだと思うんです。

ですから、一番大事な答えを最初の出逢いで教えていただいていたんですけれど、そのときは小学生ですからさすがに気がつかないですよね。

人生はすべて、目に見えない糸で繋がっている

栗山 小学五年生のときに坐禅を組みに行かれたというのは、どんなきっかけがあったのですか?

横田 これは話すと長くなりますが、私は幼い頃から人間は死ぬということを考えるようになっていたんです。それは二歳のときに祖父との別れを体験したこと

が大本にあるのですが、その後も小学校の同級生が白血病で亡くなるという出来事に遭遇して、死とはなんであろうかという問題を解決せずには何をやっても意味がないのではないかと思うようになりました。

その頃から、自分なりに図書館に行って死にまつわるような書物、つまり哲学や宗教の書物を読むようになりました。教会のミサに行ってみたり、お寺の法話を聞きに行ったりもしました。でも、何か違う。信じられる人は幸せかもしれないけれども、納得いかなければ、これは解決にならないのではないかと思ったんです。

そんな中、禅宗のお寺に坐禅に行きまして、目黒絶海老師と出逢ったときに、どこか惹かれるものがあったんです。これが坐禅を始めたそもそものきっかけです。

そこから禅宗を勉強していくうちに、中学生のときに松原泰道《たいどう》先生とご縁をいただきました。松原先生はその頃、七十代前半だったと思いますけれども、東京・港区にある龍源寺《りゅうげんじ》の住職をなされていました。『般若心経入門』というベストセラーを出されたりもしていて結構有名な方でした。

私はラジオで松原先生のお話を聞いて感動して、手紙を書いて出したんです。

そうしたら、和歌山県の田舎の中学生が書いた手紙にちゃんと返事をくれただけでなく、時間を取って会ってくれました。その人格に触れて、いろいろなお話を聴かせていただいて、この道は間違いがないと思ったんです。松原先生の周りにいる人たちを拝見していても素晴らしい方たちばかりでしたから、自分のすべてをそこに捧げてもいいと思えたんです。松原先生との出逢いが私の人生を決めたんですね。

栗山　それは直感のようなものだったのですか？

横田　直感ですよね。

栗山　人生の早い時期にそういう方に出逢えるのは幸せなことですね。

横田　中学生のときには、円覚寺の管長だった朝比奈宗源《あさひなそうげん》老師の書物を読んで感銘を受けました。高校生のときには山田無文《むもん》老師という昭和の時代を代表する名僧にお会いすることができました。そして今、私は朝比奈老師のお寺で管長を務め、山田老師が長く学長をやっておられた花園大学の総長を務めています。

なんて言うんでしょうか、まあ、人生っていうのは目に見えない糸で全部繋《つな》がっているのではないのかと、この頃つくづく実感しているところです。そう思うと、これからどうなるのかなと自分でも楽しみにしているんですけれども。

野球が変化していく時代に、大谷翔平が現れた理由

栗山　管長は仏様から遣わされた方なんですね。今お話を伺っていて、そう感じました。大谷翔平と一緒です。僕は翔平のことを野球の神様がこの時代に遣わしてくれたと思っているんですよ。野球がちょっと変わっていく時期に、野球の面白さを改めて世界に知らせるために翔平を送り込んだんじゃないかなって。管長も仏様がこの時代に遣わした方としか思えません。

横田　いえいえ、私はそんなに大層なものではございません。でも、好きなことしかやらないという点では共通しているかもしれませんね。

私は四十五歳で円覚寺の管長になりましたけれど、それまでは全《まった》く誰にも評価されませんでした。ただ坐禅をして世の隅っこでひっそり生きていたんです。

栗山　それは謙遜ではなくて本当の話ですか？

横田　本当にそうなんです。人前で話をする機会もありませんでしたし、大体人に会うことが苦手でございました。

栗山　ああ、それは意外です。

横田　それが四十五歳で管長になってから、さまざまなご縁をいただくようになって、寺の外にも出ていくようになりました。でも、私の感覚としては、修行がそのまま続いていると思っているんです。新しい形の修行がこうして与えられているのだ、と。静かなところで坐禅をするということに関しては誰にも負けないぐらいやり尽くしましたから、次は静かなところではなくして、自分の苦手なところでも働いていかなければ意味がない。それで講演なんていうものも始めたわけですが、最初はもう嫌で嫌でね（笑）。

栗山　そうでしたか。

横田　それでもやっているうちにこの頃はだんだんと苦手だった講演も慣れて来て、次の苦手なことに挑戦しないと申し訳ないなという気持ちになっています。そんなことを言っていると、何か新しい仕事が与えられるんじゃないかと思っているんです。ですから、最近はこれからどうなっていくのかなということをよく考えます。

　でも、ずっと修行をしていくんだという気持ちは全然変わりません。今は管長になって人の上に立つという立場にありますけれど、そういう役割をやっているだけで、それはご飯をつくる係とか畑を耕す係と全く変わりません。禅の修行をずっと続けているだけです。自分の基本はそれしかないんです。どんな立場にあっても、それは全然変わることはない。そうやってきただけでございます。

「なかなか芽が出ない人」の芽が出る瞬間

栗山　しかし、小学生のときに死について疑問を持って、それを知りたいと宗教の世界に入るというのは普通ではありませんよね。そういうお話を伺うと、やはり仏様が遣わした方なのだと思ってしまいます。

横田　でも、私からすれば、同級生が死んでお葬式をしているのに、なぜみんな平気でご飯を食べているんだろうか、と不思議でした。大人たちはお清めだと言ってビールを飲んでいるんですからね。人が亡くなっているというのに。

栗山　確かに子供から見れば納得いかないですよね。

横田　少なくとも、この人たちの話を聞いていたのでは全く問題の解決にはならないと思いましたですね。小学生だって死ぬんですから、自分もそうなったらどうなるのかと考えると居たたまれない思いになりました。それで、本を読んだり、あちこち行ったり、あれこれ探し求めたわけです。それで、「禅だ！」と思ったのが十歳のときです。そこからは禅をやるためにすべてのことを考えてきました。

栗山　十歳のときからずっとですか？

横田　はい。禅の世界で生きるには、書道もお茶も習っておかなきゃいけないし、坐禅を組めるようにしなくてはいけない。また、漢文も勉強しておかなくてはいけない、と。禅の書物はこの頃から暗唱し始めました。

一方、数学は必要ない。スーパーで買い物をするときの簡単な足し算引き算ができれば一生困ることはないだろうと考えました。それ以上の労力を費やすことは無駄であるから、その分、禅の経典を覚えたほうがいい。人間の能力は限られたものですから、禅の世界で生きるために必要なものだけをやろう、と。すべてそういうふうに考えて生きてきたんです。

栗山　はぁ、それはすごい話ですね。感動しました。

横田　いえいえ、感動していただくようなものではありません。ただの変わり者です（笑）。四十五歳で管長になったとき、周りから「早い」「若い」と言われましたけれど、今振り返ってみると、それだけの準備をしていて、機が熟したのだと思います。逆に、みんな準備が足らないように感じます。決して管長になるために修行したわけではありませんが、何しろ私は十歳から三十五年準備をしてきたわけですからね。

確かに大谷翔平さんは野球の神様から遣わされた方かもしれませんけれど、私は誰も顧みないような坐禅をひたすらやってきたにすぎません。でも、それでも一つのことをずっとやっていると芽が出るんですね。大谷さんは二十代でみんなが憧れるような存在になって光り輝いていますけれど、私も四十五くらいからやっと芽が出てきました（笑）。

栗山　いやぁ、僕的には翔平と管長はイコールですね。お話を伺って思うのですが、管長は正直な方ですよね。仏教の世界でも、そういう方ってそんなに多くないように思うのですが……。

横田　まあ、そうかもしれません。

栗山　管長のような感性があれば、なかなか芽が出ない野球選手も変われると思うんです。監督の目線で言うと、管長が言われたような入念な準備をさせることができればいいなぁと思いました。

突き抜ける人は、必要なことだけをやり続ける

横田　栗山監督はどういう少年時代を送られたのですか？

栗山　僕は父親が少年野球チームの監督をやっていて、兄が先に野球を始めていた影響で、小学校二年生のときにはチームのユニフォームを着ていました。すぐに不貞腐《ふて》れるタイプだったので、父親から「野球をやって我慢を覚えなさい」と言われたんです。それで野球に夢中になって、十歳の頃から将来はプロ野球選手になりたいと思いました。

でも、管長と違って、すべてを野球のために捧げて目標から逆算して生活できていたかというと、誘惑に引っ張られることもたくさんありました。それに負けないで準備をして野球にだけ打ち込んでいたら、もっと活躍できたかもしれません。もうちょっと早くお会いして教えてもらいたかったなぁ（笑）。

管長には誘惑に負けたというような経験はなかったですか？

横田　そうですねぇ。そういう経験はないかもしれませんね。先ほども話しましたけれど、私は小学校の頃、親に言われて剣道を始めまして、中学まで続けて県

の代表くらいになりました。

山岡鉄舟ではありませんが、剣道は禅にも通じるんですね。そう思うとなおのこと禅に魅力を感じて、剣道にもより熱を入れて打ち込んでいました。その頃は、禅をやったらもっと剣道が強くなるんじゃないかなというような思いもありました。

でも、長くお寺にいて剣道が役に立ったと思うことはないですね。

栗山　あっ、そうなんですか。

横田　ええ。それより野球のほうが役に立つかもしれません。我々お坊さんの世界でもちょいちょいソフトボール大会があるんです。そんなとき、少年野球をやっていたというお坊さんは大活躍ですよ。私は全然出番がないものですから、キャッチャーをやっていました。ボールを捕るくらいはできますのでね。でも、いつも「ああ、剣道ではなく野球をやっていればよかった。失敗だったな」と思います（笑）。

栗山　そうですか（笑）。

横田　そんなわけで、禅一筋でやってきました。中学や高校時代は、椅子に普通に座っていても役に立ちませんから、長時間脚を組んでも痺《しび》れないように慣らすために椅子の上で正座をするか坐禅を組むか、どちらかを必ずしていました。

これは笑い話ですけれど、管長になってしばらくしたら同級生が訪ねてきまして、「いやぁ、久しぶりだね」と挨拶をしたら、彼が「今日は一言、言いたいことがある。私は五十音順で席がいつも横田君の後ろだったけれど、あなたがいつも正座していたから黒板が見えなかった。このことを言いたい」と文句を言われました（笑）。

栗山　はあぁ。突き抜ける方の感覚はやっぱりすごいですね。誰かにやれって言われたわけではなくて、自分で決めてやっているんですよね。

横田　はい、自分で。

栗山　これは野球選手みんなに聞かせたいです。

横田　でも、ずっと誰からも評価されないままの四十数年でございましたからね。

私は男ばかりの四人兄弟の次男で、一番上は準大手の建設会社に勤め、三番目は地元の信用金庫で三十代にして支店長になり、四番目が実家の鉄工所を継いでいるんですけれど、私の修行時代は母親から「みんな立派にやっているのに、あなただけが心配だ」とよく言われていました。ところが、管長になった途端に立場が逆転しまして、この頃は「あなたが一番いいね」と自慢にしてくれています

（笑）。

栗山 そうでしょうねぇ。いやぁ、お話を伺っていて目から鱗《うろこ》でした。突き抜けるっていうのはそういうことですね。

横田 私としては自分にいらないことはやらないほうがいいし、必要なことだけをやっただけです。お茶も習いましたけれど、そんなに詳しくなる必要はなくて、お茶席に招かれたときに困らない程度の知識があればそれでいいので、それ以上はやる必要はないと考えていました。

でも、書はずっとついて回りますから、習字は早くからやっていました。監督の子供時代もそうでしょうけれど、昔は算盤《そろばん》塾が全盛だったじゃないですか。

栗山 全盛期でしたね。

横田 町で大きな建物というと算盤塾で、珠算大会もありました。でも、算盤をやっても禅には無意味だと思ったので、私はやりませんでした。

栗山 すべてに徹底しておられるんですね。さすがです。

仕事に対する誇りが、戦後日本の復興を支えてきた

栗山　管長はよく、「朝、目が覚めたらちょっとでも座ったらどうですか」という話をされていますね。それで僕も時々坐禅を組んでみるんですが、足が痛くてどうすればいいのかよく分からなくなってしまいます。管長は最初から坐禅が苦にならなかったのですか。

横田　はい。始めた頃から座り方を工夫していきましたから、苦痛はありませんでしたね。先代管長があるとき、「植木屋でも十代から始めないと途中で木から落ちて大怪我《おおけが》をする」と話をされました。我々でも十代で暗唱した長いお経はいくつになってもスラスラと口から出てきます。でも、二十歳を過ぎてから暗唱したものは、生涯お経本を見ないと読めない。人間が十五歳前後に吸収するものというのは、非常に大きいと思うんですよ。

　だから、同じ教室に閉じ込めて、みんなに同じことを教えるというのはおかしいんじゃないかって、その頃から思っていました。大学を受験するときに共通一次試験を受けましたけれど、鉛筆でマークシートを塗りつぶして人間の何が分か

るのかと疑問でした。いつかこれがいかに愚かなことなのかと気がつくだろう、と。この頃は教育の世界もだいぶ変わってきていますけどね。

栗山　僕も共通一次試験が始まって二年目に受けました。でも、僕、マークシートだったら、正解は分からないけれど当たるかもしれないと思っていた（笑）。受け取り方が全然、違いますね。もっと、頑張ります。

横田　とんでもありません。先にも言ったように、ただの変人だったんです。

栗山　管長が小学生のときから坐禅を始め、坐禅を組みながら授業を受けたことに感動しています。野球界でもイチローや大谷翔平がそうですけれど、早い段階で絶対こうなるって決めて、真っ直ぐに進んでいる選手がいますよね。僕はそこにすごく憧れるんですよ。

生き方について、管長がご両親から受けた影響ってどういうものでしたか？

横田　私の実家は和歌山県の熊野川の河原で鍛冶屋《かじや》をやっておりましてね。雨が降って川が氾濫しそうになると家を畳んで土手に上がり、雨がやんだらまた戻るという生活をしていたんです。父親はそんな暮らしから逃れたい一心で、鉄工所をつくってひたすら働き、小さな会社を興しました。

たまに田舎に帰って父親と車に乗っていると、「この家は俺が建てたんだ」「この橋の鉄骨、俺がやったんだ」とよく話していました。自分の仕事に誇りを持っているんですね。ああいう人たちが戦後日本の復興を支えてくれたのでしょう。

職人ですから口数は少ないのですが、今でも心に残っているのは「職人が背広を着たら終わりだ」という言葉です。だんだん偉くなって鉄鋼組合の理事になったりすると、普通は背広を着ていろいろな会合に出るようになるのですが、それはダメだと言って、社長になっても相変わらず作業着を着て、最後まで現場主義を貫きました。

働くことが喜びになれば、働く中で体も休まっていく

横田　そんな父親から何を学んだかというと、働くことの尊さです。朝は誰よりも早く仕事場に出掛け、夜は誰よりも遅く帰ってくる。日曜日も休みなく三百六十五日働いていました。しかも、父親はそれを誇りに思っていました。今は週休二日制とか言っていますけれど、そんなことは全く言われない時代です。その頃

は身を粉にして働くことが喜びの種でもあったんですね。
私も三百六十五日働いています。働くことが喜びで、働く中で体も休まっていくと感じているんです。

栗山 お父さんから勤労の体質を受け継いだのですね。

横田 父親は何も余計なことは言わない人でしたけれども、今にして有り難いと思うのは、どこかへ仕事で出ると子供たちに土産を買ってきてくれるんです。私への土産は必ず禅の本でした。明治・大正の頃の有名な禅僧であった南天棒《なんてんぼう》老師の書物などを買ってきてくれました。父親本人はどんな本だか何も分かっていなかったと思いますけれど、私がこんな本しか読まんだろうというわけでね（笑）。
それであるとき、「お前は寺にばっかり行っているんだから、ちゃんと寺で生きていけるようにやれよ」と言われたことを覚えています。

栗山 それはすごい。素質を見抜いていたんですね。

横田 いやいや（笑）。

栗山 管長の進み方というのは特別ですよね。ご兄弟の皆さんからは何か言われたりしていたんですか？

横田 男兄弟ってあまりものを言わないですよね。

栗山　ああ、そうですね。

横田　互いにあまり干渉しないというか。皆それぞれの道をどうにか間違わずに生きております。

栗山　お母さんからの影響というのはどういう？

横田　私の修行時代を支えたのは、間違いなく母親の愛でしたね。修行に出て、しばらく経ってから、実家の近所のおばさんが教えてくれたんですけれど、「あなたが出家してからあなたのお母さんは一週間泣いていた」って言うんですね。私の前ではそんな素振りは全く見せませんでしたが、それを聞いたときに、「これは一歩も引けない」と思いました。

二軍の選手は稼げるようになるまで、茶髪禁止！

横田　監督はどのような環境で育ったんですか？

栗山　僕の場合は本当に普通の家庭で、都営住宅に住んでいました。一番印象に残っているのが小学生のときに、両親は僕が寝ていると思って喋《しゃべ》っていたんでしょうけど、家を買う、買わないって話をしていたんですよね。家計が苦しくてもマイホームを持ったほうがいいんじゃないかと父親が言ったとき、母親が「いや、子供たちに一番苦労させたくないのは食べ物だ」と。他のことで苦労しても、子供たちが食べたい物だけは食べさせてあげたいと話していたんです。

それが僕にとっては、管長のお母さんが一週間泣かれていた話と一緒で、「俺、本当に頑張らなきゃ」と思ったきっかけでした。たぶん周囲への体裁みたいなものもあったと思いますけれど、両親が自分たちのためにそこまで思って家は買わないと決断した。そういう愛情だけはもらい続けてきましたね。

横田　まさに親の愛は海より深く山より高いと。

栗山　本当ですね。親父はとても野球が好きな人で、僕はよく親父がつくった作品だと周りの人たちに言われていました。ものすごく厳しかったですし、しょっちゅう怒られていたんですけれど、それは僕だけじゃなくて誰だろうとダメなものはダメだと叱る人でした。それが子供のときはあまりにも嫌すぎて、その影響で僕自身は人に対して怒ったりしないんです。でも、今振り返ると、厳しい父親に育てられてよかったとすごく感謝しています。

僕は今年（二〇二四年）からファイターズに戻って、二軍の選手を茶髪禁止にしたんですよ。時代に逆行していると批判を受けましたけれど、やっぱり最低限のルールを守るべきだと考えたんです。

横田　思い切った決断ですね。

栗山　これも親父の影響が大きいんです。小学三、四年生の頃に髪の毛を伸ばしたくて、坊主じゃなくてスポーツ刈りにしたことがありました。ところが、仕事から帰ってきた親父がそれを見るやいなや首根っこを掴《つか》まれて、もう一回床屋に連れて行かれて坊主にさせられました。そのときに、「お前は養われているんだ。自分で金稼げるようになったら好きにしろ。それまでは言うことを聞け」と言われたんです。それが教育としていいか悪いかは別の問題として、そのことを思い出したとき、「ああ、これは原理原則だな」って改めて思いました。

聞いた話ですが、ある会社では接客担当者が茶髪になりすぎないように、使っていいヘアカラーの番号が決まっているそうです。我々も同じで、一軍選手は稼げているからいいけれど、二軍選手は稼げるようになるまではしっかり生活のけじめをつけてルールを守ろうということですね。我々はファンの人たちのお金で生活できているので、そうすることが応援してくれるファンの方たちへの誠意だろうと思ったんです。

横田　なるほど。今はなんでも個人の自由が尊重される風潮がありますが、その考え方は個々の成長を促すためにも重要ですね。

王貞治さんから教わった「侍ジャパンの監督」としての生き方

栗山　僕はＷＢＣで「89」という背番号をつけさせてもらいました。これは第一回大会の監督を務められた王貞治《さだはる》さんがつけていた番号です。これまで歴代の代表監督は全員違う番号をつけていましたが、僕にとって神様のような存在である王さんの番号、しかも「野球」の「89」なので、この原点の背番号をぜひ使わせてもらいたいと思いました。それで王さんに連絡させてもらったら、快諾してくださったんです。

僕は大会に臨むに当たってスポーツ界の名将と呼ばれる方に十名くらい順次お会いしてお話を伺いました。その最後に訪ねていったのが王さんでした。

横田　ああ、そうだったんですか。

栗山　そのとき、「思う通りにやりなさい」と励ましてくださったんですけれど、王さんの言葉で感動したことが二つありました。

　一つは、ダイエーの監督に就任した初年、不振続きでファンが暴徒化し、監督や選手の乗るバスに生卵をぶつける事件が起きました。そのときに、王さんはファンの行為を怒るのではなくて、「これを見ろ。プロは勝たなきゃいけないんだ」と選手を諭したと伝え聞いていたんです。王さんにお会いしたとき、それが本当かどうか確かめたくて質問をしました。すると王さんは首を縦に振って、「文句を言いたいくらい真剣に応援してくれる人たちがいないと、我々プロ野球は成り立たないんだ。そういう人たちに喜んでもらうために野球をやるんだ。それを忘れちゃいけない」とおっしゃいました。

　もう一つ聞いたのは、「もしもう一回人生があるとしたら、王選手になりたいか、王監督になりたいか、どっちですか」ということです。八百六十八本もホームランを打っているので、僕は王さんが「選手」って答えると思っていました。そうしたら、「いや、ホームランを打つのもいいけどね、監督はたくさんの選手のためになれるんだよ」とおっしゃったんです。

僕はこの二つの言葉がすごく響いて、プロとして監督として責任をしっかり果たさなきゃと身が引き締まりました。

横田　素晴らしいお話です。これもまさに出逢いの妙味ですね。

私は栗山監督より三つ若いのですが、これまでを振り返ると、我が人生よき出逢いに恵まれたなとつくづく思います。少年時代に今日お話した老師方との出逢いがあり、管長という立場になってからも、致知出版社とのご縁で五木寛之さんのような大作家と対談本を出させてもらったり、それから鍵山秀三郎《かぎやまひでさぶろう》先生、村上和雄先生、渡部《わたなべ》昇一先生、鈴木秀子先生など、世の中にこういう素晴らしい方がいるんだなという方々とお目にかかりました。

自分自身は空っぽなんですけど、本当によき出逢いに恵まれ、その蓄積で他人《ひと》様の前でお話をさせてもらって、もうこんな有り難いことはない。いつ棺桶《かんおけ》の蓋《ふた》が閉まっても、我が人生後悔なし。そう思っています。

栗山　僕も本当に同感で、野球の下手だった人間が未だに野球をやれているのは、出逢いしかなかったなと思います。ＷＢＣの監督に選ばれたことも、日本代表が世界一を獲得できたことも、いろんな人との出逢い、ご縁が実っていった結果に他なりません。

出逢いを生かすことこそ、運を拓く道

横田　いろいろな人を目の前に見て、その声を聞くというのは大事なことですね。

栗山　それがあるとないとでは全然違いますよね、

横田　清水寺《きよみずでら》に大西良慶《りょうけい》という立派な方がおりましてね。百八歳くらいまで長生きをした人ですけれど、一遍この人に会ってみたいと思いながら、生前はお会いすることが叶いませんでした。そのときに思いました。これからはあとにしようということはやめようと。もし出逢いの機会があれば、必ずそのときに会っておこうと思うようになりました。

栗山　本当にそうですね。

横田　そういう自分にはないものを持っている人に会うというのは、やっぱり人生の一番の楽しみですよね。

栗山　僕がすごくラッキーだったのは、自分がダメな選手だったので、どんな人に会っても僕よりうまく見えるんですよ。だから、上から目線で人に会うことはほとんどなかったです。とにかく教えてくださいという感じで誰とでも会ってい

ました。それがよかったと思うんです。おそらく皆さん、「こいつをなんとかしてやろう」と思ってくださったのではないかと。

横田　こうして対談をして思いますのは、栗山監督が実に謙虚で素直でいらっしゃるということです。謙虚・素直こそ縁を生かし、出逢いを真の出逢いにするための要訣《ようけつ》なのでしょうね。

栗山　ただ、僕自身は謙虚にならなきゃいけない、素直にならなきゃいけないという気負いもなくて、自然にそういう姿勢で人と接してきたように思います。それしかできなかったんですけれど、今振り返ってみると、それがプラスになったのかなと感じます。

横田　鎌研ぎの名人の話を聞いたことがあります。その人がなぜ名人かというと、どんな下手な人が研いだ鎌でも自分には及び難い点を一つ見つけることができるからなんです。人間は他人が自分より劣っているところは簡単に見つけられるんですよ。でも、人を見て、この人には自分には決して及ばない優れたところがあると認めるのはなかなか難しいものです。

いろいろな人に会えば、時には、この人とはあまり馬が合わないなと思うようなこともあるでしょう。そういうときに、私はこの鎌研ぎ名人の言葉を思い出して、絶対にこの人の中にも自分には及ばない何かがあるんだと思うようにしています。実際にそれを探すつもりで接していると、本当に一つぐらいは必ずいいところが見つかりますよね。

栗山　ああ、いい話ですね。そういう姿勢で人と接することによって、自分の運も拓けていくものなのかもしれませんね。

横田　ええ。出逢いというものが人の運命を変えていくことは明らかでしょうね。

第四章

私たちは「信じられている」中で生きている

——理不尽・逆境を乗り越える法

人は拍手されるたびに、ダメになる

横田　栗山監督とは二〇二三年の七月に円覚寺で対談をしたときが初対面でしたが、今年（二〇二四年）の円覚寺の夏期講座では講演をしていただき、その前の週には花園大学の記念事業で対談をさせていただきました。花園大学に栗山さんに来てもらえるなんて無理も無理な話だったんですけれど、大学側が是非とも頼んでくれというものでお願いしたところ、思いもかけずに来ていただいて本当にありがとうございます。

栗山　いえいえ、こちらこそです。前にも話しましたが、先達の方々の本を読んでいると「師匠を持ちなさい」ということがよく書かれていて、僕も人生の中で本当に困ったときに「これ、どう思いますか」と教えを乞《こ》う方がどうしても必要だと思っているんです。

それで勝手に横田管長をそういう存在にさせてもらっていて、この一年間、本当にいろんなことがあったんですけれど、管長の本を読んだり、こうしてお会いしてお話を聴いたり質問をさせていただく機会を設けていただいたおかげで、心を落ち着かせて普通に過ごすことができたなと感じます。

横田　WBC優勝後は各方面から引っ張りだこで、きっと生活が激変したでしょうから、どういう変化があったのか、私もお尋ねしたいと思っていました。そうしたら栗山監督の新刊『信じ切る力』（講談社）の中にこう書かれていたんですね。「WBCで優勝して、たくさんの人に好評価をもらって感じたのは、〝ああ、こうやって人はダメになるんだな〟という思いでした。それは痛いほど感じました」と。いやぁこういう感性を持っているところが、栗山監督の素晴らしさだと感じ入りました。大概の人は持て囃《はや》されるとそれに呑まれてしまって、思い上がったり失敗したりしてしまいますからね。

栗山　本当に人生でこんなに褒められることってないので、これはちょっとおかしくなっちゃうなと感じましたし、何より勝ったのは選手たちの力です。

　実際、勝つときは監督というのは何もしないことが多いんですよ。選手たちがそれぞれの強みや本領を発揮して形になって勝つ。一方、負けるときは監督が余計なことをしてしまうケースが多い。ですから謙遜ではなく、僕が世界一にしたっていう実感がないんですよね。

横田　「こうやって人はダメになる」という言葉で思い出したのは、私が管長になって最初の頃に先代管長から諭されたことです。管長になると人前で話をする機会が増えるんですね。話の構成を一所懸命に考え、原稿を書いて準備をして、法話が終わると、聴衆がバーッと拍手をしてくれる。いい気持ちになるわけです。でも、あるとき、先代管長が「拍手は人をダメにする」と言ったんですね。「拍手されるたびにダメになると思え。手を叩かれるような話はまだまだだ。手を叩くことすら忘れて、思わずその手が合わさるような話をしなきゃいかん」って。そのときは正直なところ、「うるさいこと言うなぁ」と(笑)。

栗山　ハハハ(笑)。

横田　有り難いことにそうやって事あるごとに頭を抑えてくれていました。

明治時代の作家・斎藤緑雨《りょくう》という人の言葉に「拍手喝采は人を愚かにする道なり」とあるんです。決して自惚《うぬぼ》れずに、自分を律することはとても大事ですね。

栗山　味わい深い言葉です。

ここでどんな理不尽に遭おうとも「ここを離れない」

栗山　先ほど、四十五歳で管長になるまで三十五年の修行期間があったというお話がありましたけれど、管長の人生の転機となったのはいつのことでしょうか？

横田　それは三十歳の頃ですね。すでにお話ししたように、この道で生きるということ自体はかなり早い時期に決めていたんです。そのために授業中も坐禅を組むとか、お茶や書道を学び、漢詩をつくり、禅の語録も覚えるというようなことをいろいろやって準備をしていたわけです。ところが実際に修行道場に行ってみると、なんていうのか、自分が憧れてきた面と現実とのギャップがありました。

これはどんな世界でも必ずあることでしょうね。

禅に「行雲流水《こううんりゅうすい》」という言葉があるんですよ。禅というものは物事にとらわれず、一か所にとどまることなく、雲が行く如《ごと》く水が流れる如く修行していけばよいということです。私はそういう生き方に憧れていましてね。だから、京都をはじめいろいろな修行道場を渡り歩きました。その一つが鎌倉で、円覚寺に来たときは二十七歳の頃でしたが、それこそ自由に修行したらいいなと思っていて、当初は長くいるつもりはなかったんです。

ところが、そこで「法遠去《ほうおん》らず」という話を先代管長から聞いて、自分の考えを百八十度変えることになったわけです。これが一つの転機になったといえるかもしれませんね。

栗山　どんな話ですか？

横田　昔の中国に法遠というお坊さんがいたんです。法遠は師匠に弟子入りを願い出るのですが、師匠は簡単に入門を許してくれなくて、玄関でいきなり水をぶっかけて追い返そうとします。それでも法遠は残って入門を許されるのですが、ある日、師匠が外出して留守にした折、寺の蔵に入って普段は食べられないご馳《ち》走《そう》を皆に振る舞うんです。ところが、予定より早く師匠が戻ってきてしまった。師匠は激怒して、法遠を寺から追い出したうえ、ご馳走した分のお金を町で托鉢《たくはつ》して返済せよと要求します。それで法遠は悪天候の日も厭《いと》わずに托鉢を続け、お金を返しました。

しかし、師匠は法遠を許さず、「お前が托鉢している間、止宿していたのは寺の土地だから家賃を払え」と迫りました。めちゃくちゃなことを言っていますよね。でも、法遠はめげずにその言葉に従い、また黙々と托鉢を続けてお金を貯めて納めていたんです。

その姿をじっと見ていた師匠は、ある日弟子たちを集めて、「自分の後継者が決まった」と宣言して、法遠を皆に紹介するんです。

栗山　すさまじい話ですね。

横田　この法遠の生き方は行雲流水の対極にあります。確かに、こんなところに長くいてもしょうがないと言って、一か所にこだわらずに旅をしていく生き方もあるだろうと思います。でも、私はこの話に心から感動したんですね。それで考えを改めて、円覚寺に来たからにはどんな理不尽に遭おうとも「ここを離れない」と決意したんです。

以来、何があってもここを見限らない、踏み止まる。そういう気持ちで三十年、先代の管長のお傍でお仕えしてきました。三十年もお仕えする人は他にいなかったため、消去法で私が次の管長になったという感じでしょうか。

私の場合、法遠の話に心から感動して百八十度考えが変わったからよかったのですが、こういうあり方は人に勧めるのは難しいかもしれません。というのは、いくら師匠でも長くお傍にいますと裏の裏まで性格が分かってしまいますからね。

栗山　ああ、確かにずっと傍にいると全部見えてしまいますね。

横田　はい。そうすると、師匠の批判をし出すような場合がよくあるんです。修行をやめる理由は簡単に見つかるんですよ。でも、こういう人はもう伸びません。

人間である限り、いろいろな面があるのは当然です。百%すべてよいという人は、たぶん、この世にいないと思います。それを分かったうえで、その中からいかに自分が学ぶべきところを見出すかが修行だと思うんです。

ただ、誤解されると困るのは、師匠を妄信してしまうのもまた違うんですよ。ちゃんと是と非を見分けながら、でも非を批判するのではなくして、それをひっくるめて受け容れたうえで長所を学んでいくというのが大事なところです。

栗山　よく分かります。特に憧れの方にお会いしたときに、ずっと接していくと、当然人には誰しも長所と短所があって、短所を批判し出すと、そこで成長が止まってしまう感覚があります。

横田　おそらくそれは会社も同じだと思います。自分が目指して入った会社でも、何年かするといろいろ見えてくるものでしょう。それを理由にして辞めてしまうのは簡単ですけれど、ものすごく勿体《もったい》ないですし、本人の成長を止めてしまうことにもなるでしょうね。

「百里を行く者は九十里を半ばとする」を知る

栗山　先代管長にお仕えしていた当時の思い出深い出来事をぜひ教えていただきたいです。

横田　そうですねぇ。こんなことがありましたね。先代管長の話を聴いて考えが変わって、転々とするのではなく、この師匠の下で仕えようと覚悟を決めたのですが、それまでにも坐禅について、禅の勉強について、仏教学について、もう足らないものが何もないと自負するくらいやってきていましたから、そろそろ修行が終わりそうだと分かってくるんですね。

ところが、九割くらいまで来たなと思ったときにパタリと止まって、一歩も前に進まなくなったんです。公案《こうあん》（禅問答の問題）が解けないわけですよ。おかしいなと感じました。それが一か月や二か月ではなくて、一年経っても一歩も進まないんですから。

あとから考えてみると分かるのですが、「九割が道の半ば」とよく言われますように、これはおそらく私を鍛えなきゃいけないという師匠の気持ちだったのでしょう。そこであえて断崖から蹴落とすような試練を与えた。ちょうど三十歳くらいの頃です。しかし、当時の私はそれが全く分かりませんでしたから、愕然《がくぜん》とするんですね。

そのときにふと思ったのは、もうダメかもしれない、ここで自分は終わりかもしれないということでした。しかし、学生時代に退路を断つつもりで教員免許を取るのもやめましたし、修行をしていればいずれ車が迎えに来るようになると師匠に言われていたので車の免許も持っていません。ここで修行を辞めたら生きる道はないと思いました。もしこのときに帰るところがあったらダメだったかもしれません。母親の涙も思い出しましたし、引くに引けない……。

栗山　大ピンチですね。

横田　まさに。

栗山　どうやって乗り切ったのですか？

横田　そのときたまたま比叡山《ひえいざん》の千日回峰行《せんにちかいほうぎょう》を二度満行された酒井雄哉阿闍梨《ゆうさいあじゃり》の本を読んだんです。するとそこに「行き道はいずれこの里の土《ど》まんじゅう」という句があったんですね。土饅頭とは墓のことです。行者が行き倒れになったらそこで土に埋めてもらって墓になればいい、というのがこの句の意味です。そう思うと、円覚寺の中にも修行僧の墓があるんですよ。そこで「修行の途中で死にさえすれば誰かが葬ってくれるから、ここで死ねばいいんだ」と、こう思ったんですね。

それで「よし」と一念発起して始めたのが、もう一度管長のお傍で鞄《かばん》持ちから料理、掃除、洗濯に至るまで全部やるということです。普通は十年も修行をしているとお寺の運営をする側に入るんですよ。管長の身の回りのお世話というのは、普通は若い修行僧がやる仕事ですけれど、それをもう一度やることにしたんです。

しかも、二〜三人で交代してやるところを一人で全部、三百六十五日どこへ行くにもお供しました。今は携帯電話で逐一連絡を取れる時代ですが、あの頃はそんなものありませんからね。管長がお帰りになるのを、寒風の中で一時間でも二時間でも立って待つんです。

栗山　いやぁ、それはすごい話ですね。勉強して結果を残して、自信を持ってあともう一歩というレベルにまで駆け上がったのに、また一から始めようというわけですからね。プロ野球でいえば一億円プレーヤーが自分には足りないものがあると言って二軍で一からやり直すようなものですよね。なかなかできることではありません。感動するとともに、僕も肝に銘じなくてはいけないなと思います。

休息は睡眠時間だけで充分。あとは毎日喜んで働くだけ

横田　この人の下にいてもダメだからどこかに行っても何かにはなったかもしれませんけれども、今のようには決してならなかったでしょうね。

栗山　仕え切ることに徹した。

横田　はい。決して先代の悪口を言ってはいけませんけれど、人様には「ありがとう」と言いなさいとよく言うにもかかわらず、我々には一言も言わないですよ。せっかく一所懸命料理をつくっても、「こんな余計なことばかりして」と小言を言われる。まあそれでもずっとお傍についていますと、その表情や仕草で、「おっ、今、旨《うま》いと思ったな」って分かる（笑）。

栗山　先代は横田管長の何かが足りないと思われて、わざとそうされたのでしょうか？

横田　なんでしょうかね……。おそらく鋭さが気に入らなかったんだろうと思います。そのときにお前の課題はこれだと言われたのが「閑古錐《かんこすい》」という禅の言葉でした。鋭い錐《きり》は穴が開くけれども、穴が開くような錐ではダメだと。錐も古び

てしまってその鋭さが完全に消えてなくなって、もう何も役にも立たないように見える錐にならなければならないと言うんですね。これは先ほどの『猫の妙術』の最後に出てくる老猫のほうが鼠を捕まえるのがうまかったという話に通じるかもしれません。

栗山　ああ、閑古錐ってそういうことですか。

横田　それで数年間、徹底して仕え切りましたら、三十四歳のときに修行僧の指導をする立場に指名されました。そのときに学んだのは、死を覚悟すればいいんだということです。

その後さらに四十五歳のときに管長になるわけですけれど、それまで本籍地はずっと和歌山県にあったんですよ。ところが、管長になるといろいろな代表役員を務めなければならなくて、いちいち戸籍謄本が必要になりますから、本籍地を変えることにしました。どこにしたかというと、円覚寺の代々の管長が入る墓場にしたんです。死して後已《のちや》む、ですよ。

栗山　覚悟が伝わってきますね。

横田　森信三先生が「念々死を覚悟して初めて真の生になる」とおっしゃっている通りで、そう思えばあとはもう毎日喜んで働くだけなんです。父親の話じゃございませんけれども、休みとかなんとか、そんなのはもう関係ない。森信三先生も休息は睡眠時間だけで充分であるとおっしゃいましたし、敬愛する詩人の坂村真民《しんみん》先生もあの世に行ってから休めばいいとおっしゃっている。私もそういう気持ちになりました。これが先代の管長に仕え続ける中で到達した心境と言えましょうか。

生と死の境目というのは、あるようで実はない？

栗山　横田管長が管長になってからも、先代管長は厳しくご指導なさったと伺っています。

横田　円覚寺の大きな行事があったあと、私が管長ですから導師という中心の役を務めるわけですが、先代管長もお元気な頃はご参列くださいましてね。行事が終わると、「ご参列いただきましてありがとうございました」ってお礼に上がるんですね。そうしたら、「お前が合掌しても一つも有り難くない」と（笑）。

栗山　そこまでボロクソに（笑）。

横田　「もうこれで自分の人生が終わるんだという思いで手を合わせて頭を下げろ」と、こう言うんですね。それも一対一ならいいですけど、他の人がいる前で。ずっとそういう感じなんです。

晩年の数年間は脳梗塞《こうそく》で体が不自由になるんですけど、こっちはお見舞いに行っているのに、「何しに来たんだ」って怒鳴っている（笑）。

栗山　厳しいですね（笑）。

横田　で、だんだん動けなくなってくると無視するんですね。「管長さんがお見えです」って言うと、「ふーん」って（笑）。

先代が亡くなる前年に米寿の会を開いたんです。もう車椅子でしたけれど来てもらって。そのときもこちらは恐る恐るですよ。そんなことをすると怒るか文句を言うかのどちらかという方だったので。だからハラハラしていたのですが、何も言わなかった。どうして何も言わなかったのか、これは分かりません。認識できていなかったのか、できていたけれど言わなかったのか……。

ただ、意思疎通ができた最後のときは、私の顔を見てニッコリ笑ってくださいましてね。これも初めは驚いて、とうとう私を認識できなくなったのかと思ったほどでした。それから一か月もしない頃です。私は先代管長に呼ばれたらすぐに駆けつけるということを三十年やっていたものですから、その日も呼ばれているような気がして、パッと先代管長のもとに行ったんです。そうしたらちょうどご臨終のときでしてね。

栗山 ああ、そうだったのですか。

横田 もう長い間お仕えしてきて、今さら涙も出ないと思っていたんですけれど、滂沱《ぼうだ》として涙が溢《あふ》れてきました。そのときに、最後はいいお顔で笑ってくださったということは、ずっと叱咤《しった》されてばかりでしたが、先代管長は私のことを信じていてくださったんだなと、遅まきながら気がつきました。

栗山 信じられている中で生きているんだと。

横田 我々は今の日本がどうだこうだと言いますけれど、先人たちはきっと今の私たちのことを信じて見守ってくれているのではないかと、こう思って頑張って生きなければならないと受け止めることができました。

でも有り難いのは、お亡くなりになって、もうこれで小言を言われることもなくなったと思ったんですけれど、違うんですね。死してなお、事あるごとに「お前は何をやっているんだ」「調子に乗るな」とお叱りの声が聴こえてくるんです。

だから、亡くなったという感じがしない。今も生きているような気がいたしましてね。ですから、先代管長にお経を上げるという気には今もならないんですよ。

栗山　そういう師がいるというのはものすごく素敵なことですね。

横田　ある大きなお寺の管長さんも、先代に仕えた何年間よりも亡くなったあとの何年間のほうがよっぽど深い教えを受けたと言われていました。私はまだそこまでの境地には至りませんけれど、そういう経験をすると、なるほど、生と死の境目っていうのはないんじゃないかなと思います。単に肉体は見えなくなるというだけのことであって、生き続けているんだなと如実に感じますね。

栗山　先代は横田管長が管長になった何年後に亡くなったんですか？

横田　十一年か十二年ですね。その間もお仕えいたしました。

栗山　管長になったら自由になれるわけではないんですね。

横田　それが禅の師資相承というものなんです。

栗山　今、そういう師匠がいたらいいですねぇ。

横田　いやいや。今の時代はね、そんなことをしたら通じません。だから私はニコニコしていますよ（笑）。

栗山流「WBCのプレッシャーを乗り越える法」

横田　栗山監督は小学生の頃から少年野球チームへ入ってプロ野球選手になりたいと思ったということですけれども、具体的にプロを目指したのはいつ頃のことですか？

栗山　小学校のときの卒業アルバムに「プロになる」と書いていましたから、もうその頃からずっとそういうふうには思っていたんですけれど、中学高校と進むうちに自分の実力がだんだん分かってきますよね。実は高校のときにはプロのスカウトが視察に来ていたんですけれど、ドラフト会議では指名されませんでした。

それで進学するわけですが、大学も野球で選ぶのではなくて、普通に教員になろうと思って東京学芸大学という教員を養成する大学を選びました。でも野球が諦められなくて大学でも続けて、四年のときにヤクルトスワローズのテストを受けたんです。

横田　そこで見事合格したわけですね。

栗山　はい。ただ、プロテストを受けるときから体調がおかしかったんです。プロに入っても隠し続けていたんですけれど、二年目ですから二十三歳のときに、試合中、めまいで倒れてしまったんです。診断の結果、メニエール病という病気だと言われました。原因が分からない病気で、いつ発作が起こるかも分からない。そう言われたときは、もう野球もできないし、人生終わったなという感じがしました。僕にとって病気になったことはものすごく大きかったと感じます。

横田　メニエール病というんですか？　ずいぶん苦しまれたそうですね。

栗山　当時は珍しい病気だったので、自分でも何が起こっているのか全《まった》く分からなかったんです。今でもたまに体調が悪くなったり気分が悪くなったりして、自分の中でこれはちょっとまずいかなというときはあるんですけれど、まあ、それでもなんとか前に進める感じにはなってきました。完治する病気ではないので、ずっと付き合わなくてはならないんですが、人に分からないような感じで処理できるようになっています。

横田　ああ、それは厄介ですね。しかし、病気を抱えつつもプロ選手として活躍されておられますね。栗山さんはどうやって乗り越えられたのですか？

栗山　まず母親の存在が大きかったですね。入院しているときですが、母親がそこでも僕が寝ていると思って、泣きながら「代わってあげたい」って言ったんです。それを聞いて、「いや、おふくろだったら無理だけど、俺のほうが体力あるから俺だったら行けるかもしれない」と思ったんですよ。

そのときに、病気を治そうではなく、めまいがしても野球ができる方法はないかなと発想を変えて進み出したら、だんだん症状が楽になって、野球をやるのが楽しさに変わっていったんです。

それからは、何があっても「あのときに比べたらこれくらいなんてことない」と思えるようになりましたから、重い病気で追い込まれたことはすごく大きかったです。WBCのときも「プレッシャーをどう乗り越えたんですか」みたいなことをよく聞かれましたけど、「いや、命までは取られないので」と言っていました。

自分を信じてはじめて、人のことも信じられる

横田　栗山監督は以前、最後は自分を信じると言われていましたね。我々臨済《りんざい》

宗《しゅう》でも、修行がうまくいかないのは自分を信じないからだと、宗祖臨済禅師が端的に言われています。自分の心が仏であることを信じなさい、すべては自分の心に具《そな》わっていることを信じなさい、と。

何遍も語録を読んでいますから、当然、言葉のうえではよく分かっています。でも、なかなか自分を信じ切れない。そして、自分自身を信じ切れないと、人のことも信じ切れないのではないかと思います。自分を信じ切るためには、やはりいろいろな試行錯誤をしなければならないのでしょうね。

それが栗山監督の場合であれば、病気の体験をしながら、それでも自分を信じてくれる人がいる、母親が思ってくれるということだったのではないでしょうか。そういう体験を経て、命までは取られないという心境に至ったというふうに見えますけれども。

栗山　そうですね。スポーツの場合、どうしても結果を出すことが求められるんですけれど、その前にどういう姿でそこに向かっているかによって、信じることもできますし、あるいは信じられないことも起きるんです。でも、管長がおっしゃる通りで、自分が信じられないときというのは、準備が足りなかったり、やるべきことができていないことが多いですね。逆に言うと、しっかり準備をすれば信じることだけはできるんです。

僕がそのことに気がついたのは、ファイターズの監督時代でした。今は中日ドラゴンズにいる中田翔《しょう》というちょっとヤンチャな選手がテレビのインタビューに答えて、「人に対して信じるとか恥ずかしくて言えないじゃないですか。でも、うちの監督は『お前を信じてる』って言ったりするんですよ」と話しているのを偶然見たんですよ。それを聞いて、確かに僕は選手に「お前しかいないから」「俺はお前を信じている」ってよく言っているなと思ったんです。

それは本心からの言葉ですけれど、そう言われた選手は選手で、すごく意気に感じてくれるというか。こちらが本気で信じ切ってあげることがプラスになるんだなと気づきました。

信じ切ることが結果に繋《つな》がるかどうかは別ですけれど、管長が言われたように、こちら側が相手を信じることはできますよね。たまに本当にそう思っていないのに言葉だけで言っているなと感じるときがあって、ちょっと反省したりするんですが、信じて送り出そうということはいつも思っているところではあるんです。

トップの仕事は「決断すること」と「引き受けること」

栗山　そこで管長に一つ質問したいことがあります。僕は監督として、選手の起用に関しては私情を挟んでいるつもりは一切ないんです。それは言い切れるんですけれど、それでも好きなタイプの選手とか性格というのはあります。そこを絶対に混同すまいといつも思い続けているのですが、人間って急に変なものに引っ張られてしまうときってありますよね。そういうときにはどう対処したらいいのでしょうか？

横田　私の場合は、人間っていうのはそういうものだと半ば諦めています。そういう一面もあるのが人間ですよね。そういうことのないように努力はしますけれど、完全に排除することはできません。それについては、他人に対して寛容であるように、自己に対しても寛容になって、そういう部分があるのも人間だと納得してしまっているんです。これがいいか悪いかは分かりません。

監督はそれを許せないと感じてしまうのでしょうかね？

栗山　好き嫌いのある自分を全部否定し切れないときがあって、「こんな俺はダメだな」と思い出すと、どんどん落ち込んでしまうんです。でも、今の管長の言葉ですごく救われた気がします。人は誰でもそういう部分を持っているのだから仕方ない。でも、努力してそれをなくすように頑張ろうと思って前に進めばいいということですよね。

横田　そうだと思います。

栗山　そう言っていただくと、ストンと肚《はら》に落ちるものがあります。

横田　私が言うのもなんですけど、たぶん、栗山監督はストイックすぎるのだと思います（笑）。

栗山　いやいや、ストイックかどうか自分では分かりませんけれど、そんなことで自分が嫌になってしまうときがたまにあるんです。

横田　人間というのはこんなものだろうと、最後はそう思えばいいのではないでしょうか。私はそうしていますけれども。

栗山　僕は若い頃から、自分で決めたことだけはやろうと心がけてきました。練習にしても、今日はこれだけやろう、このことだけは毎日続けようと決めたことはやってきたつもりです。とにかく自分にだけは嘘をつかないようにしようと思っていました。

今、ストイックだからって言っていただいたんですけれども、本当の意味でそういうふうな考え方をするようになったのは、監督になってからかもしれません。というのも、自分のことなら自分が悪いで済みますけれど、監督というのは判断を誤ると選手に迷惑をかけてしまいます。そう思うと、僕自身は本来ストイックなタイプの人間ではないんですけれど、必要以上に生真面目に考えるようになりました。やはり監督の判断で選手の人生を壊してしまう可能性があるので、そうはならないように気をつけようと考えるようになりました。

横田　そう心がけておられるのですね。

栗山　それから僕は選手として実績があるわけでも威厳を持っているわけでもないので、どんな選手やスタッフにも対等に垣根なく話し合うようにしています。選手にも「監督というのは別に偉いわけじゃない」とよく言っています。

僕は、監督の仕事というのは二つだと思っていて、一つは決める係。小学校のときの動物係とか給食係とか掃除係と一緒で、最後に決める係ですね。その決めるという役割を全《まっと》うできるような準備をしなければいけない。もう一つは、人が一番やりたがらない嫌なことを率先してやる。この二つが監督の仕事だと言っているんです。それは自分自身に言い聞かせていることでもあります。

横田　嫌がることというと、具体的にはどんなことがございますか。

栗山　WBCの例でいうと、広島の栗林《くりばやし》良吏というピッチャーが怪我をしました。源ちゃんと同じく本人は「大丈夫です」と言って、僕の目の前でも強めのキャッチボールをしてアピールしていたんですけれど、彼は腰を痛めていましたし、スケジュールを見ると、治って登板できたとしても決勝戦だったんですよ。十四日も実戦から離れていきなり決勝の厳しい舞台で投げたら壊れると思ったので、離脱してもらったんです。

その連絡を所属球団にするわけですけれど、これはものすごく神経を使うんです。怒られることもありますからね。だから、コーチやスタッフに「連絡しておいて」と指示することは簡単にできるんですけれど、そういう厄介な嫌な仕事はあえて僕が直接やりました。それが僕の決めたルールです。

「いつも上座に座るのは、何も分からない猫か馬鹿」と思え

栗山　管長にはそういう自分との約束事というものはありますか？

横田　私の場合は笑顔でいることですね。禅宗のお坊さんって難しい顔をしている人が多いんですよ。あれが私は嫌いで、できるだけ明るい笑顔で生きようと〝明るい笑顔が未来を拓く〟ということを信条としております。批判されることもあるんですけれども、苦虫を噛み潰したような顔をしているのは好きではないものですから。

　今の監督のお話とも関連しますが、私が人を指導する立場上に立つ者としていつも心がけているのは、学生時代の師匠である小池心叟《しんそう》老師に教えてもらった言葉なんです。「猫《ねこ》馬《ば》鹿《か》坊主《ぼうず》に火《ひ》吹《ふ》き竹《だけ》」と覚えておけ、というものなんですけれど。

栗山　どういう意味ですか？

横田　囲炉裏を囲んで座ると必ず上座《かみざ》と下座《しもざ》がありますが、いつも上座に座るのは、何も分からない猫か馬鹿か火を熾《おこ》すための火吹き竹だ、と。火吹き竹というのは普段は用がないので、誰も座らない上座に置いておくんですけどね。

　要するに、坊さんが上座に座るというのは偉くなったからではない。人からは猫や馬鹿や火吹き竹と同じに見られていると思えと、こういう教えでございましてね。残念ながら管長という立場になると、どこへ行っても上席なんですね。ですから私はそのたびに「猫馬鹿坊主に火吹き竹」と唱えて、外の人からはそう見られておるんだなと自戒する心だけは忘れないようにしています。

あとは、自分が人の上に立っているということをあまり意識しないことですね。それは監督もそうだろうと思います。ＷＢＣの映画を観ていてもそうでした。みんなの中に溶け込んでいましたね。今も「どんな選手やスタッフにも対等に垣根なく話し合う」と言われましたけれど、監督の姿勢を拝見しているとそれがよく分かります。

栗山　でも、かつての川上哲治監督の時代などは、選手が監督に意見を言うなんてできなかったでしょう。今は随分違いますよね。

横田　確かに変わってきていますね。

栗山　それは監督自身がいろいろと学んで変わってきたということなのでしょうか。

横田　それもありますし、先ほども言ったように、僕自身、オーラを持っているわけでもないですし、選手としての実績があるわけでもないので、そういうふうにやったほうがいいだろうと思ったんです。

　僕は川上さんもすごく尊敬しています。実は僕が禅という言葉を最初に聞いたのは、川上さんだったんですよ。梶浦老師という方のところに川上さんが一週間参禅に通われていたと聞いて、自分にはできないなと思いました。

横田　ああ、梶浦逸外老師ですね。岐阜県の伊深の正眼寺という道場で、厳しいことで有名です。つらく苦しい修行の中から何かを得ていくという時代です。

栗山　そのようなものだったそうですね。今の時代に同じやり方をするのは難しいと思いますけれど、そういう先輩方がいらっしゃったということは、いつも心に置いて、その魂だけは忘れないようにしなくてはいけないなと思っています。

　ただ、僕が監督をやるに当たっては僕のやり方をつくらなければなりませんから、選手やスタッフと垣根をつくらないようにしようというやり方にしたんです。

横田　でも、なかなか簡単じゃないですよね。自分ではやっていないのに人にはやるように言ってしまうということも人間にはよくありますからね。

栗山　そうですね。それは嫌なので、僕は人に会う前にまず自分でやろう、自分が実践していることだけを選手に伝えようと考えて、そういう言葉をベンチの黒板に書いて戒めていました。監督という無理ができる立場だったからこそ、そういうところは戒めながらやっていたつもりです。

生きるということは、理不尽な目に遭うということ

栗山　選手ってみんな、自分の練習に関して自分ではやり切れたと思っているんですよ。実際にやり切った人もいるのですが、自分がそう思っているだけの可能性もあります。そういう選手を客観的に見ていて、もう少し背中を押してあげなきゃいけないと思うのですが、ここが指導をする側の難しいところなんです。というのも、先ほどもちょっと言ったのですが、本人が自分でやろうと思わないと心の中のスイッチが入らないからです。本人がそういう状態になっていないのに、周りがいくらやらせても意味がないんじゃないかとずっと感じていました。

管長のお話を伺っていると、たとえば坐禅にしても誰よりも坐っておられたと思うんですが、そこには当然、苦しさもあったわけですよね。

横田　ああ、もちろんそうです。

栗山　そういう苦しいとき、自分を前に進めるために何か工夫をされていたのですか？

横田　禅の世界の場合は、千年以上にわたって人格形成のためのプロセスという

ものをつくり上げてきておりますからね。大体、人間の精神の変化というのは、似たようなところをたどると思いますから、今、監督がおっしゃったように、かなりやってくるとどこかで自信がついてくるところがあるんですよ。そういう自信がついてきたなというのは、毎日、禅問答をしていますから分かるんです。

そうすると、仏教では慢心と言いますけれど、人に自慢をしたくなる様子が見えてくる。そのときには必ずそこを叩き潰してしまうんです。「もう一回、一からやり直せ」と慢心を見て、師匠が否定をするんですね。そこでまたゼロからやり直していくわけです。

私の場合は、それを繰り返していくうちに、「ああ、もうこれ以上のことはない」と自分自身の体で納得がいったときと、師匠から「これからあとは雲水《うんすい》の指導をしなさい」と言われたときが同時でした。

栗山　歴史的に残っている書物とか教えといった本当にいいものは、長い時間のふるいにかけられて残ってきているわけですね。禅の修行でも、ある程度ふるいにかけられた結果として、大体こういう経緯を経て変化していくというプロセスが分かっているから、トップに立たれるような方は指導のイメージができあがっているということなのでしょうか？

横田　はい。そういうプロセスはできあがっていますね。大したものだと思います。

栗山　やはりすごいですね。叱り方というか、今の管長の言葉をお借りするなら潰し方というのが僕はすごく難しくて……。

横田　今はどの世界でも厳しく指導をすることが難しくなりましたね。私の師匠は常々、「修行僧というのは麦を踏むのと一緒だ。踏めば踏みつけるほど強くなる」と言っておりました。そういう信念のもと、もう完膚《かんぷ》なきまでに相手を全否定していました。よくそんなことまで言えるなと思うぐらいです。

でも、このやり方はもうダメです。相手を全否定して踏みつけるだけでは何も出てきません。今はいかにして芽を育てるか、時には添え木をしながら、丁寧に育てていかなくてはいけない。

栗山　管長が修行僧だった頃は徹底的に否定されたんですか？

横田　そうです。このことについては監督にもお伺いしたいと思ったんですけれど、今は外からの目もありますし、我々の世界でも理不尽な指導をするのが非常に難しくなってきました。しかし、理不尽なことを一切なくしてしまっていいのかという疑問はあるんですよ。世の中を生きていく中には、理不尽な目に遭うこともあります。それなのに、人格形成の大事な時期に無菌室の中に入れたような状態で理不尽なことは一切させないというのはどうなのか。合理的な訓練だけでは、理不尽な目に遭ったときに弱ってしまうのではないかと。

不運にも意味がある——そう考えると前に進める

横田　栗山監督はそういう理不尽なことはあまり言ったりしなさそうに見えますが、時にはそういう理不尽と思えるような課題を与えることもありましたか？

栗山　課題を与えるということとはちょっと違うかもしれませんが、野球ってなんだろうかと考えると、僕は不平等を覚えるのが野球選手の使命だと思っているんです。

横田　ああ、本の中にも「不平等を覚えるのが野球選手の使命だ」と書かれていましたね。この言葉にも私は深く納得しました。監督には申し訳ないけれど、私はこれまで野球に対してあまり好感を持っていなかったんですよ。バットの芯に当たった打球でも捕られたらアウトだし、逆にろくな当たりでもないのにヒットになる。これが私には納得がいかなかった。

しかし、ここで不平等を知るわけですよね。そして、その不平等の中にも大きな意思というか流れというものがあるという。これは深いと思いました。

栗山　同じような努力をしても、片やスター選手になるし片やベンチにも入れないというように、決して平等になることはありません。でも、野球にかかわらず、世の中ってそういうものじゃないかと思うんです。管長が言われたように、世の中に出ると理不尽なことはいっぱいあって、それを我慢しなければ次のレベルには進めないわけですね。だから僕は、野球を通して不平等を我慢して次に進んでいく力を身につけていくことが大事だと思っているんです。

「なんか不運だったな」と言って終わるのではなくて、不運にも意味があると考えると、自分が前に進みやすくなると思うんです。そのために、選手が客観的に自分の言動を省みて、何かに気づいてくれればいいなと思います。それは野球の試合や練習中のことだけではなくて、「ああ、今日は朝、ちゃんと挨拶できていなくて、相手に嫌な思いをさせちゃったな」というようなことでもいいんです。

監督として長く選手の言動を見ていると、そういう小さな気づきが結果になって表れてくるのが本当によく分かります。だから、それを若い選手たちに伝えていく必要があるのかなと思っているんです。

そう考えると、もう少し理不尽さをぶつけたほうがよかったのかなと思うこともあります。でも、信頼関係がないのに選手に理不尽な要求をすれば、チームがぐちゃぐちゃになってしまいますからね。そこは注意しなくてはならないところです。

横田　よく分かります。最初から踏んづけて、それで終わりになったら本当に終わってしまいますからね。お互いがある程度、これぐらい行けるというところを見極めたときに、この理不尽さ、不平等さというものの意味が相手にも伝わるのだと思います。そう考えると、どうしても信頼関係が基盤になるということでしょうかしらね。

栗山　そうですね。信頼関係があれば相手に媚《こ》びる必要はないし、好きになってくれというのも嫌われたくないというのも全然必要なくて、こちらが本当に愛情を持って選手に片想いし続けていると、時間はかかるかもしれませんが伝わっていくときは伝わっていくのかなという感じがしています。

思いやりのある言葉は、回り回って聞こえてくるのもいい

栗山　今のところ僕がもう一回ユニフォームを着る可能性はあまりないと思うんですけれど、実は最近、もしかしたら間違っていたかもしれない、選手のためにもっと違うやり方ができなかったかなと思うことがありまして……。皆さんが厳しい修行をしている禅の世界の中で、どう芽を切って、さらに大きくさせるか、そういう方法があるのではないかということを管長にお聞きしたかったんです。

横田　ああ、なるほど。それを意外と学べるのが植木なんですよ。寺の中の植木の手入れも我々は自分たちでやることが多いのですが、植木を剪定《せんてい》するときには、どの枝をどのくらいまで切れば来年はどういうふうに花が咲くかということを常に考えます。植木と人間を並べて話すと怒られるかもしれませんけれど、そんな兼ね合いの度合いを植木の手入れをしながら学んできたように思います。

栗山　植木の種類によってもやり方は違うわけですね。

横田　はい、切り過ぎたら、もう芽が出ませんからね、私なんかも切り過ぎて反省することがあります。

栗山　僕らの時代って監督から結構むちゃくちゃ言われたんですよ。「死ね」とまでは言われませんでしたけれども、「ここから去れ！」「お前はダメだ！」と、ずいぶん厳しい言葉をぶつけられました。先ほど伺ったお話では、管長の場合もそういう厳しい言葉を師匠から投げかけられたわけですよね。

横田　禅問答ではそんなに露骨な表現はなかったように思いますけれども、「そんなことじゃ、今まで何をやってきたか分かんないな」と言われたことはありましたね。

でも、有り難いことに、そんなふうにずっと傍で修行している私のことを師匠が褒めている、信頼していると言っていたと、近所のおばさんから聞いたんですよ。私に直接言ってくれればいいのにと思うんですけどね、それは絶対に言わない（笑）。

栗山　ああ（笑）。

横田　直接には一言も言ってくれないから、こっちはもう修行したってダメかなと思っていたのですが、そういう話が遠回りして耳に入ってきたものですからね。諦めることなく修行を続けることができました。

道元禅師が愛語、つまり思いやりのある言葉は、直接本人に言ってもいいし、回り回って聞こえてくるのもいいことだと言っているんですよ。確かに直接言われるよりも、自分が自信をなくしているようなときに、人づてにそんな話が耳に入ってくることが不思議とあるんです。そうすると、もうちょっと頑張ってみようかなという気持ちを奮い立たせることができる。これも出逢いですよね。いろいろな人の出逢いで支えられてきて、なんとか細々と生きてきたという感じでしょうか。

とにかく、今やっていることを楽しむことが大事

横田　私がよく若い修行僧たちに伝えているのは、『論語』の「之《これ》を知る者は之を好む者に如《し》かず。之を好む者は之を楽しむ者に如かず」という言葉です。監督も著書の中で引用されておられましたね。とにかく今やっていることを楽しむことが大事なんですね。その楽しさをどう教えられるか。これに今、努力しているところなんです。

栗山　修行＝苦痛ではなく、修行＝楽しいという価値観を育むわけですね。

横田　ええ。というのは、先ほども触れましたように、私どもの世界でも修行する人たちが減ってきている中で、苦痛から得るものがあるという理論が通じなくなっています。坐禅にしても、「何分から何分まで足を組んで解くな」と命じて強制的に座らせるのは一番簡単なのですが、それだと単なる我慢大会になってしまいます。

そういう強制が我々の世界をだんだん衰退させていく要因の根本にあるのではないかと思いまして、坐禅嫌いにならないように、どうやったら楽しむことができるかを考えていこうと。だから、この頃は〝苦痛でない坐禅〟をモットーにしているんです。そこから坐禅の楽しさを知って、あとは自分で座り出すようになればいいなと思っています。

お寺の跡取りに生まれて、いずれは継ぐと分かっているにもかかわらず、修行道場に来るまで坐禅をしたことがないっていう人もいるんですよ。「君は今まで何をしていたのだね」と、こう言いたいところですけれど、それをグッと呑み込んで、無理矢理足を組ますのではなく、どうやったら股《こ》関節をほぐすことができるか、苦痛なく座ることができるか、ヨガの先生に習ったりして骨格とか筋肉についても勉強しました。それがまた結構楽しいんです。
だから、まず自分が楽しむことが大事だと思っていますし、今はやっぱり楽しむということから教えていかないと、若い人たちがついてこられないと感じています。野球の世界でも川上監督の時代とは全然違ってきているのと同じです。

栗山　変わってきていますね。

横田　そう思って今は楽しみを伝えるということを心がけています。でも、これは先代の管長が亡くなられたからできることで、生きておられたら怒られたでしょうね。「楽しむんであれば、お金を払え」「我々がお布施をもらえるのは、苦痛に耐えとるからだ」と、よく言っておられましたから。しかし、本当にそうだろうかと思いましてね。苦痛に耐えるだけでは、今の世の中、自分から進んでやろうという人はいないです。だから、苦痛ではない方法をどう教えるかということを頑張っているところです。

栗山　確かに楽しかったらいくらでも練習できますからね。

大谷は人一番練習して、なぜ努力している感覚がゼロなのか

栗山　大谷翔平を見ていると、彼はたぶん努力している感覚はゼロなんです。こんなバッティングができたらみんな喜んでくれるだろうな、こんなボールを投げられたらみんな驚くだろうな、自分も嬉しいな、ということで、それが楽しくてずっとやっている。それで自然に練習量が誰よりも多くなっているわけです。

そんな彼を見ていて、今、管長が言われた通り、どうやったら楽しめるかを教えることが大事なのかなと思いました。楽しいという一点で価値観と努力が一つになればうまくいくよということは僕らもよく選手に説明するんですけれど、どうやったら楽しくなるかというところを教えられていないかもしれません。それは反省しなければならないなと思います。

もう一つ思ったのは、指導者が選手よりも勉強をしなくてはいけないということですね。選手は試合で日々経験しているので、僕らは十倍勉強しないと追いつきません。

管長は股関節をやわらかくする足の組み方をヨガの先生に学んでいると言われました。しかも、それを楽しいと言われましたけれど、そうした感覚を我々指導者は持たなければいけないいなと感じました。

横田　いや、実際に結構楽しいんですよ。吉田正尚選手が体幹を鍛えるために紙風船を使ったトレーニングをやっているといいますが、あれも取り入れています。紙風船を持って体を動かすと体幹が整うのを感じますが、それが坐禅をして体幹をまっすぐにすることに通じるんです。

昔ながらの我々の世代であれば、後ろから棒でひっぱたいて「背筋を伸ばせ！」と言うところですが、今はそんなことを言わなくても、紙風船を使うことによって押されても動かないような体に変わっていく。目的は一緒なので、それを坐禅の中に取り入れて、みんなと一緒に楽しんでやっています。これもまず自分が楽しむことがミソだと思っているんです。

栗山　ああ、そうなんですね。いいことを教わりました。坐禅を組むのは痛いだけで、これ以上は無理だと思っていました。

横田　痛くない坐禅というのも今、開発しているんですよ。今度北海道に出張してご指導いたしましょう（笑）。

栗山　修行しに行きます（笑）。

「できるか、できないか」ではなく「やるか、やらないか」

栗山　今どきの若い選手たちの多くは「できるか、できないか」という考え方をします。だから、できないことはやりたがらない。できないのは今できないだけで、いつかできればいいという発想がないんです。できなかったことができるようになるから嬉しいんですけどね。

一流になる選手を見ていると、「できる、できない」という考え方はしません。だから、僕は「できるか、できないか」を「やるか、やらないか」というふうに変えていきたくて、それにはどうすればいいのかなっていつも考えているんです。

横田　ああ、そうですか、

栗山　仮にやってみてできなくても、そこに挑戦していけば自分のレベルが高まります。一流選手はそれを知っているから努力を惜しまない。そのことだけは若い選手に伝えたいと思っています。

最終的には自分の中にスイッチが入っているかどうかですよね。超一流選手に、「あなたは誰に野球をうまくしてもらいましたか」と聞いて、即答できる選手は一人もいないと思います。いろいろな人からヒントはもらうんですが、最後は誰も教えられないと思います。自分で考えて自分で決めて自分でやってうまくなった。自分でしかスイッチは押せないんですよ。

横田　なるほど。

「何を願うか」で、運の伸びしろが増えていく

横田　伸びていくか否かの差は「何を願うか」だと私は思っています。願っているることによって大きく違うんですね。自分の生まれたお寺の後を継ぐことができればいいという人は、残念ながらそれ以上の人物にはなりません。でも、世の中で苦しんでいる人たちに少しでもよい教えを伝えたいというように、願いが大きければ大きいほど、伸びしろも増していくと思います。だから、何を願うかが一番差の出てくるところだろうと思うんですね。

これは監督もまさしくそうでございましょう。ＷＢＣにしても、選手が自分の

活躍だけを考えていたのでは限界があると思いますけれど、子供たちに夢を与えよう、日本の人たちを元気づけようと思うと、全然違ってきますよね。

栗山　その通りです。

横田　それに加えて、曹洞宗《そうとうしゅう》の青山俊董《しゅんとう》老師がおっしゃっていましたけれども、一段式ロケットではダメなんだと。願いというのは、最初に一度起こせばいいというものではない。ある程度まで進んだら、もう一度ロケットを噴射するように願いを起こして、また起こして、また起こして……、その連続なんだと。私もその通りだと思います。

一回の噴射でかなり飛ぶ人も中にはいると思いますけれども、そこで躓《つまず》いたらもう一回噴射して、さらに止まったらもう一回噴射して、ということを絶えず繰り返して積み重ねていくしか、願いを実現する道はないんですよ。

栗山　本当にそうですね。野球の場合も、よく「これが正しい」と言います。でも、今の自分にとって「これが正しい」というのはあったとしても、全体的に正しいということはないと思うんですね。立場が変われば願いも変わっていきますから、自分が「こうしたい」と思っても、すべての人がそうなれるわけではありません。

たとえば、ホームランをたくさん打ちたいと思っても、全員がホームランバッターになれるわけではない。そういう現実を見たときに、主役ではないけれど、バントや守備や走塁のうまい選手になって名脇役を目指すという道もあると気づけるかどうかです。この道しかないと思うと、どうしても自分を活かす幅が狭くなってしまう。こっちにすごくいい道があることに気がつかないで、成長が止まってしまう選手というのは多いんです。

人の価値観というものには、単に数字で表された結果とは違う価値観があるような気がします。そういうものに気がついて考える幅を広くしてあげることも指導者の役目だと僕は思っています。特に若い選手たちに伝えていきたいと強く思うんです。

「監督の愛情」が「選手のモチベーション」になる

横田　栗山監督の本を読んでいて驚いたというか感動したのが、現役時代の関根潤三《じゅんぞう》監督とのエピソードです。夜中にホテルに呼び出されて、栗山さんがなんだろうと行ってみると、関根監督は自分が監督を辞めるということを栗山さんに伝えて、明け方までバッティングを教えたそうですね。この関根監督も栗山さんに大きな影響を与えた方なんじゃないかと思うのですけれど、いかがですか？

栗山　そうですね。関根監督からは、「お前をなんとかしたい」という愛情が百%伝わってきました。それもなんとか頑張らなきゃいけないという僕の大きなモチベーションになりました。

横田　そのときの状況を教えていただきたいのですが、呼び出されたときはまだ起きていらっしゃったんですか？

栗山　試合が終わって食事をして、夜中の一時ぐらいでしたか。一軍の試合はナイターが多いので、選手はみんな夜型になるんですよ。そろそろ寝ようかと思ったところにマネージャーから電話がかかって来て「監督が呼んでいる」と。そう聞いたとき、最初は二軍落ちを通告されるのかと思いました。でも、このタイミングでそんなことあるかなって思っていたら、「バットを持って来いと言っている」と言われて、よく分からないままバットを持って監督の部屋まで行きました。

そうしたら窓のカーテンを開けて、「ちょっと、そこに立て」と言われたんです。カーテンを開けると窓に自分の姿が映りました。そこで関根監督から言われたのは、「人というのはスタートが違うとゴールが違う。最初の姿っていうのがすごく大事なんだ」ということでした。まあ、それはそうですね。それから素振りをさせられてバッティングのアドバイスをしていただいて、「ホテルでも家でも毎日バットを振りなさい」と言われました。

そのときに突然、「俺は来年監督を辞めるから」って言われたんですよ。そんなこと俺に言っていいのかなと驚きました。それから「練習はしなきゃいけないけれど、ごく稀《まれ》に練習で疲れてしまって試合で結果が出ない選手がいる、それがお前だ」とも言われました。それまで死ぬほど練習させられていたので、「早く言ってくださいよ」と思ったんですけどね（笑）。

でも、このときは関根監督が初めて本音で僕に対して話してくれたことにすごく愛情を感じました。一方で、僕が成長し切れないことが監督はすごく悔しいんだろうなとも感じました。このときの体験が僕にとっては監督としての基盤になっているんです。関根監督が僕に持っていたような思いを、僕も一人ひとりの選手に対して持ってあげなきゃいけない。そのことを教えてもらいました。その意味で、関根監督は僕にとってすごく大きな存在だったと思います。

横田　いい話です。

リーダーは「信じる」では不十分。「信じ切る」

横田　栗山監督の本を読んでいたり、お話をしたりしていると「信じ切る」という言葉がよく出てきます。対談をきっかけに、この「信」ということは私のテーマの一つになって、「信」ということについて深く考えるようになりました。
　栗山さんが「信」を大切にするようになったのはいつ頃からですか？

栗山　それはやはりプレーヤーのときですね。僕みたいに能力のない選手にとって、誰かから信じてもらえることほど安心できて原動力になることはないんです。
たとえば、監督から「ダメかもしれないけど、とりあえずお前打ってみろ」となんとなくチャンスを与えてやるからみたいな感じで試合に送り出されるのと、「この場面はお前しかいない。ここで変えろ。お前なら大丈夫」と背中を押してもらって出て行くのとでは、気持ちが全然違うんです。

そのことを選手時代に感じていたものですから、僕みたいに実績のない人間が監督としてチームを率いるに当たって、選手の能力を発揮させるために大切な要素は何かなと考えたときに、僕が心の底から信じ切ってあげて送り出すことじゃないかなと。中田選手の話をしましたけれど、実際にやってみたらその効果はすごく大きなものでした。

横田　監督は単に「信じる」のではなくて「信じ切る」と最近はおっしゃっていますね。本のタイトルも『信じ切る力』となっておりますけれども、「信じる」と「信じ切る」というのはどのように違うと考えておられますか？

栗山　信じるというのは簡単なんですけれど、信じ切るところまでいかないと心の中にざわつきが起こってしまうので、最近では「信じ切る」という言葉を使っています。

これは僕の経験上、すごく重要なことです。言葉では「お前しかいない。行け」と言っても、心の中で「いや、この場面はさすがに無理だろうな」と思っている自分がいることもあるわけですよ。そういうときは、やはりいい結果が出にくいですね。それは選手が悪いのではなくて、結果が出にくい状況を僕がつくっているのだろうと思うんです。

ですから、どういう結果になるかは別として、大前提として、自分が本当にこの選手で行けると思って送り出しているかどうかが、勝つためにはすごく重要になると思います。経験的に言うなら、監督が「お前に任せた」「お前なら大丈夫だ」といった言葉をかけて背中を押してやることによって、選手の側も「打てるかな」というような不安な気持ちを振り払うことができるんです。

もちろん、そういった気持ちの持ち方といった面だけでなくて、コーチからは選手に対して絞り球やスイングについて具体的に指示を出してもらいます。結果がどうなるかは分かりませんけれど、打席に入る前にできることはすべてしておくということですね。

スポーツの場合、どうしても結果を出すことばかりに目が行ってしまいがちですけれど、その前にどういう姿勢で目標に向かっているかが大事だと思うんです。そのときに準備が足りなかったり、やるべきことができていなかったりすると、選手を信じ切って送り出すことができないわけですね。だから、監督、コーチ、選手それぞれができることすべてをやったうえで、信じ切って送り出す。これが大事なのだと思います。

横田　そこまで積み上げたうえで、最後は覚悟をするということですね。

栗山　そうです。今回のＷＢＣに関しては、三十人の選手全員を信じ切れました。場面場面でこの選手を使うという采配に一切の不安なく、「お前しかいない」と思って送り出していましたね。準決勝のメキシコ戦、〇対三で七回表まで負けている試合も、意外と自分が冷静でいられたのは、そういう信じ切れる選手の存在が大きかったのかなとすごく思います。

人生のいかなる逆境も、神仏から与えられたもの

横田　森信三先生は「信」についていろいろなことを説かれていますけれども、『森信三一日一語』（致知出版社）の中に「信とは、人生のいかなる逆境も、わが為に神仏から与えられたものとして回避しない生の根本態度をいうのである」という素晴らしい言葉があります。人生においてはさまざまな逆境や試練というものがありますけれども、それは神仏から与えられたものとして、決して避けることをせずに受け取る。その態度を信と言うのだと森先生は説いてくださっていま

す。

また、円覚寺の管長を務められた朝比奈宗源老師は、人間の持つ仏の心、今風に分かりやすく言えば無限の可能性を備えているということを、次のようにたとえておられます。

「人間は誰でも仏と変わらぬ仏心を備えているのだ。これをはっきりと信じ、言わば此処に井戸を掘れば必ず井戸が出来、水が出るという風に、信じ切らねば井戸は掘れぬ。掘れば出ると思うから骨も折れる。だから我々の修行もそれと同じだ。仏心があるとは有り難いことだと、こう思わねばだめだ」と。

栗山　信じ切ることの尊さが伝わってきますね。

横田　ここを掘れば水が出ると信じ切るから井戸を掘ることができる。出ないかもしれないと思って少しばかり掘っては止めているようでは、永久に井戸を掘ることはできないということですね。

だから、私たちもまず初めに信じる、それを信じ切ることから始めなくてはいけないのでしょう。信じられるからこそ、やってみよう、努力しようという意欲も湧いてくるわけですからね。

栗山　人間の無限の可能性を引き出し、伸ばす根底に「信」というものがなくてはいけないということですね。信じ切れなければチャレンジすることもできない。管長がおっしゃったことは、すべての指導者、選手にぜひ知ってもらいたいことです。

第五章
夢を正夢にする人の生き方
──自分で考えて失敗する、自分で考えて成功する

座右の銘「夢は正夢　歴史の華」が意味するもの

横田　栗山監督はいつもサインを頼まれると、「夢は正夢」と書かれていますが、夢を正夢にするためには何が大切だと思われますか？

栗山　「ああなりたい、こうなりたい」と誰しも夢を描きますよね。でも、「こうなる」「こうする」と言い切れる選手は意外と少ないんです。

先ほど自分しかスイッチを入れることはできないと言いましたけれど、自分が本気で「なる」と決めれば、今日何をしなければならないのかが具体的になり、練習もこれだけはなんとしても絶対にやる、という信念を持ってぶれなくなります。そして、自分で決めたことを自分でやり切る体質をつくっていくことができます。「なりたい」と「なる」の違いというのは、この差じゃないでしょうか。

横田　「なりたい」と思うのと「なる」と言い切るのでは全然違うわけですね。

栗山　そうです。僕はテスト生からプロに入ったんですけど、あまりのレベルの差にすぐに自信をなくしてしまいました。能力も全然足りなかったし、ダメな選手でした。その中でたった二人だけ、僕のことを認めてくれた人がいました。一人はスワローズの二軍監督をしていた内藤博文《ひろふみ》さん、もう一人は内藤さんから紹介してもらった整体の先生です。

一年目の秋に、内藤さんがその先生に、「ちょっと栗山をなんとかできないか」と相談したようなんです。で、お会いしたときに言われたのが、「夢を持つのはいい。ただ、正夢、つまり現実にできなければなんの意味もない。努力しても形にならなければダメなんだ。現実にしろ。私は君ならできると思って言っている」という言葉でした。

誰しも夢を持って、そこに憧れて努力していればそれでいいと思っているけれど、それでは意味がない。夢を現実にしなければ頑張っている甲斐《かい》がない。そう厳しく説き諭してくれたんです。

横田　「夢は正夢」という言葉には続きがあるんですよね。

栗山　「夢は正夢　歴史の華」です。要するに、やり切って夢が正夢になったときに、一人ひとりの人生が輝き始める。そうすると歴史に名前は残らなくても、誰かがその姿を見て頑張ろうと思ったり、周囲にプラスの影響を与えることができる。たとえば、そういう夢を正夢にしようとする先人の努力の積み重ねによって、日本の歴史というものも続いてきているんだと思います。

だから、ぼーっと夢を見ているだけじゃダメなんですね。夢を正夢にするために努力をしなければならない。具体的に行動をしなければならない。そういうことだと僕は思っています。

僕自身、誰にも相手にされなかった中で信じてくれる人がいたことが何より嬉しく励みになりました。そしてこの言葉がスッと入って、絶対に試合に出てやると思ったときに、吹っ切れて練習に取り組むことができました。その結果、三年目に初めて開幕一軍を勝ち取り、五月末に初のスタメン出場を果たすことができたんです。

横田　その言葉を受け止めて自分のものにされた。まさしく今回のＷＢＣ優勝で夢が正夢になり、花が開いて野球の歴史に名を刻むことになったわけですが、選手として苦労された体験もすべて名監督を生む土壌になっているんでしょうね。

栗山　いやいや、僕は名監督じゃないです。ただ、今考えるとメニエール病で野球ができなくなったり、そういう経験が全部生きているというか、大きくプラスになった感じがします。命までは取られないんだからなんとかなる。そう思って前進してきました。

横田　監督は「たくさんの選手に接してきて分かったことは、人は絶対に変われる、ということです」とおっしゃっていますね。これは今思うようにゆかなくて苦しんでいる人にとっては勇気の出るメッセージではないでしょうか。

栗山　仏教の世界でもそうだと思うのですが、すべてのものは変わり続けますよね。そのことをちゃんと理解して前に進むかどうかによって、結果というものが大きく変わってくるのかなと思うんです。

本当にすごい人は「教えなくても、自分でやって来る」

横田　私は三十五歳から修行僧を指導する役目を仰せつかりましたが、その当時は先代がまだ現役の管長で、その下で若い雲水たちの指導をすることになったんです。私などは禅の世界で生きるために自分で努力をしてやってきたのですけれど、雲水たちは皆がそういうわけではなく、お寺の跡取りで本当に何も知らずに来た子もいます。すると、最初の段階ですでに随分差がございましてね。それを指導するようになると、先代の前でつい愚痴を口にすることがございました。

「この頃の修行僧はこんなことも知らないんですよ」と先代に言うと、案の定怒られてしまいました。そのとき、先代がこう言ったんです。「倒れた人を起こすにはどうする？　上から手を差し伸べようとしたってダメだぞ」と。普通であれば、倒れている人に手を差し伸べて引っ張り上げればいいと考えるところですけれど、それではダメだと言うんです。

栗山　そういうときはどうすればいいんですか？

横田　先代は丁寧に教えてくれました。「上から引っ張ろうとするんじゃないんだ。下に下りていくんだ。それで、自分もそこで一緒に転ぶんだ」と。

これは禅の語録にもある話です。龐居士《ほうこじ》という父親が娘の霊照《りんしょう》と一緒に道を歩いているときに躓《つまず》いて転んでしまった。そうしたら助けに行った娘も一緒に転んで、一緒に起き上がったというんですよ。問答はそれだけですけれど、この娘は修行して悟りを開いたような娘なんです。だから、普通であれば「お父さん、何をやっているの」と上から手を差し出して引っ張るところですが、そうはせず、転んでしまった父親の痛みや苦しみを自らも味わおうとして一緒に転んだんです。

先代はこの話を引き合いに出して、「お前は上から引っ張ろうとしている。それじゃダメだ。彼らが躓いているところに自分も下りて行け」と私に教えてくださったのでございます。私は最初、今まで修行してきた立場から人を引っ張り上げようとしていたんですね。「俺について来い」というようなものです。でも、うしろを見たら誰もついて来ない（笑）。なるほどな、と思いました。

栗山　目線を下げて一緒にやっていこうということなんですね。

横田　ただ、それは一面であって、そういう観点も確かに大事なのですけれど、それだけでは人は育たないと私は思います。本当の自主性というものは、やはり自分の内側から出てくるものでなければいけません。だから、禅の本質を伝えていくためには、何も教えず、何も手出しをせず、ただその人が育ってくるのを待つしかないんです。自主性というものは、「自主性を伸ばしましょう、みんな自主性を大事にしましょう」と言われて育つものではない。これは言われてやっているわけですから、本当の自主的ではないんですね。

本当の自主性を育むには、一緒にやることと本人に任せることの二つが必要であると私は思っています。どちらかだけではダメだと思います。下りていってあげるという導き方もできなければいけませんし、一切教えることもしないというのも大事なことです。

これは禅の世界で昔から言われていることです。私も長年指導してきて思うのは、教えて育てたのはその程度にしかならないということです。本当にすごい人というのは、教えなくても自分でやって来る。だからそれを待て、ということなんですね。これは真実だと思います。

たとえれば、天然か養殖の違いです。一つひとつカリキュラムを与えて教えたとしても、それは自分が教えたものですから自分以上のものにはならない。しかし、組織にはそういう人材がたくさん必要です。そういう人材がいないと組織は成り立ちません。だから一つひとつ丁寧に教えて、言われたことを忠実に実行できるという人も必要なのですが、同時に、「勝手にやってくれ」と言って任せる部分がないと本当に自主性のある人が育ちません。言われたことしかできない人ばかりでは、組織は弱っていくだけで将来の展望も描けませんよね。

「三十年、一人の人材を待て」という教え

横田　栗山監督のお話を聞いていると、大谷翔平さんというのはそういう自主性

の持ち主のように思えますね。もちろん栗山監督の影響は大きいのでしょうが、誰かが教えて大谷翔平をつくったというのではないように感じます。

栗山　その通りです。翔平に僕は何もしていないですね。

横田　やはり自ら考えて自らやるべき課題を見つけてやっているのですか？

栗山　はい、もう全部自分で。たぶん誰にも教わっていないと思います。

横田　そうでしょうね。禅の世界でも、禅を次の世代に伝えていくような人物は、誰かが教えたわけではなくして自分でやって来て、「とてもじゃないがこいつには敵《かな》わないな」という人物になっています。だから、そういう人が来るのを待て、という教えがあるんです。

こういうことが伝えられているものでございますから、先代からは「三十年、一人の人材を待て」と、こう教えられました（笑）。

栗山　ああ、そういうものなんですね。

横田　だから大谷さんの話を聞いていると、そういう人はもう誰かが教え込んで、こう練習してこうやれというのとはレベルが違うんですね。そういう人が野球界を引っ張っていくのでしょう。でも、大勢の人たちには少年野球から野球の喜びを教えてあげることも大事ですよね。そういう人たちが野球界を支えていくのでしょう。この二つがどうしても必要なんじゃないでしょうかしらね。
これは禅の世界から見て思うことですが、監督は大谷さんを身近で見ていてどう思われますか。大谷翔平はなぜ世界の大谷翔平になったのか。

栗山　いやいや、管長が今おっしゃったことは僕が感じていることそのものです。整理していただいてありがとうございます。確かに翔平はそういう人材なのだと思います。もちろんご先祖様からの遺伝子がうまく組み重なって、あれだけの体格と能力が生まれているのは事実ですけれど、僕が彼を見て思っているのは「自分で考えて自分で答えを出してきた」ということです。

僕は、自分で考えてやったことしか失敗したときにプラスにならないという話をよくするんです。人から言われたことを鵜呑《うの》みにしてやっていると、うまくいかなかったときに本質的に自分のせいにならないので進み方が遅いんです。翔平もそういう感覚を持っていると思います。二刀流という前例のないことに挑戦するに当たっても、練習メニューを最後は全部自分で考えなきゃいけないわけですからね。

ですから、常に自分で考えて自分でやることが習慣になっていて、それがああいう選手をつくり上げたということでしょうね。子供のときから、できるだけ自分で考えて失敗する、自分で考えて成功する。そういう経験をたくさんさせてあげる必要があるというのが、僕が彼から得た学びですね。

勝利し続けるリーダーは「教える」のでなく「見出す」

横田　禅に「教壊《きょうえ》」という言葉があるんです。『鈴木大拙《だいせつ》一日一言』（致知出版社）にはこう説かれています。

「禅の言葉に『教壊』というのがある。これは、教育で却《かえ》って人間が損なわれるの義である。物知り顔になって、その実、内面の空虚なものの多く出るのは、誠に教育の弊であると謂《い》わなくてはならぬ」

もちろん懇切丁寧に教えることも時には必要でしょう。特に最近はそうしないとついてこられない人が多くなりました。しかし、それだけで人は育たないと思います。先にも申し上げたように、自主性というのはその人の中から内発的に湧き出てくるものでなければなりませんので、何も手出しをせずにただ待つしかない。そして指導する側はただ見出していけばいいんです。それゆえ、教える側は目を曇らせてはいけないし、教えて壊すことをしてはいけない。この両面が不可欠なのではないかということですね。

そう考えると、今の教育は子供に一律に教え込もうとして素質を潰《つぶ》しているような面があるんじゃないかという気もしますね。

栗山 翔平は人に教えないいんですよ。皆、彼に教わりたいから聞きに行くじゃないですか。でも、自分と人は違うので、自分のオリジナリティをつくったほうがいいと翔平は思っているんですね。人に教わると違う方向に行ってしまうし、体つきも能力も違うから、人と同じようにやっちゃうと壊れる可能性があるということだろうと思います。

横田 以前、栗山監督に見せてもらって驚いたのは、大谷選手がバッティング練習をしている映像です。何に驚いたかというと、その日付ですよ。二〇一六年十二月二十四日午前一時、その年、ファイターズは日本一になっています。日本一になるといろいろな祝賀行事があって、ようやくクリスマスの頃になると落ち着き、家族や友人と過ごしたりするんでしょうけれど、彼は夜中の一時にバッティング練習をしている。ああ、なるほど、こういうところが違うんだと思いました。

チームメイトと食事をしたりお酒を飲んだり、それは何が楽しいんですかと大谷さんは言うそうですね。

栗山　そういうことに時間を使うよりも、練習したり睡眠を取ったり、最大限のパフォーマンスを発揮できるように準備して、五万人の観客を沸き立たせる喜びのほうが遥《はる》かに大きい。だから、今は遊んでいるときじゃないと。

その二〇一六年、翔平は紅白歌合戦の審査員を頼まれて受けるんですけれど、そのときに出した条件がありましてね。年末年始ってチームの合宿所が全部閉まってしまうんですよ。だから、その間の練習場所を確保してくれるならやってもいいですよって。いついかなるときも生活の中心に野球がある。

横田　ああ、練習場所を確保してくれるなら、という条件で。普通じゃございませんね。

栗山　僕もそれを聞いてやるなと思いました（笑）。やっぱり長嶋茂雄さんでも王貞治さんでも、名選手は人知れず尋常ではない努力をしていますよ。そうでないとあそこまでは行けません。

横田　大谷さんってどんな人物なのか、機会があればどこかで一遍お会いしてみたいですね。紛れもなく歴史に残る人物だと思います。

しかし、翻って言うならば、日本にプロ野球の歴史がなかったら大谷さんは生まれなかったわけですよね。長嶋さんや王さんがいて、イチローさんが出てきて……というように、プロ野球の歴史の伝統の中から生まれてきた人と言ってもいいでしょうね。

栗山　すべてが繋《つな》がっているのだと思います。プロ野球だけでなく、何世代も日本の先人たちが積み重ねてきてくださったものの集大成という感じがします。そういう先輩方がいなければ翔平は生まれていなかっただろうというのは確かに感じることですね。

「さらに参ぜよ、三十年」と思えるか、どうか

横田　私が一通り禅の修行を終えて、三十四歳で修行僧を指導する立場になったときに、これから大事にしなければいけないなと思ったのが、「さらに参ぜよ、三十年」という禅の言葉なんです。三十年というのは別に三十年間という期間を

示しているわけではなくて、禅では一生のことを指すんですね。つまり、一生涯、参禅し続けろと。

栗山　そういう意味なんですね。

横田　この言葉をいつも自分の部屋に掛けておきたいと思いまして、師匠に「さらに参ぜよ、三十年」と書いてくださいと頼みました。書くことはお好きなので、大体頼むとなんでも書いてくれたんですけれど、そのときだけは「書けん」と言ったんですよ。

その理由も何も言わないのですが、おそらく書いてもらって掛けたりするようなものではなくて、自分自身が心に刻みつけるしかないんだというメッセージだったと私は捉えています。

栗山　ああ、なるほど。管長の受け止め方も素晴らしいですね。

横田　特にこれから六十歳を越えてくると、だんだん体も衰えていきます。そういう中で私が目指すのは、坂村真民、松原泰道、山本玄峰《げんぽう》といった先達の方々の生き方です。坂村真民先生は九十七歳まで創作意欲が衰えませんでしたし、お世話になった松原泰道先生は百二歳まで説法しておられましたし、私の地元の名僧山本玄峰老師は九十六歳まで矍鑠《かくしゃく》としておられました。

玄峰老師は晩年まで記憶力が衰えずに、人に会っても名前がパッと出てくる。それは、普段からお世話になった方の名前を挙げて「ありがとう、ありがとう」って唱えていたというんですね。それから夜に布団の上でぺこぺこ頭を下げて、「あのときああ言ったのはすまんことだった」とお詫《わ》びしていたと。九十歳を越えてもなお、お世話になった人にありがとうという気持ちを忘れない。人に不快な思いをさせたことを素直に詫びる。そういうことをずっと重ね続けられたから衰えなかったのかなと思うんです。

私も死ぬまで修行を続けることを目標に、これからも歩んでいきたいと思います。

栗山　素晴らしい目標ですね。

人間修行──人との出逢いは、一番多くのことを学べる場

横田　私が感動したのは、この間、栗山監督に「夢は正夢で、大きな夢を叶《かな》えて、

これからの夢はなんですか」と聞いたときの答えなんです。北海道の「栗の樹ファーム」で子供たちに野球を教えて幸せに生きる、というようなことを言うのかと思ったら豈《あに》はからんや、全く違う。

栗山　いや、そう言われると恥ずかしい（笑）。

横田　これだけ勉強していらっしゃるにもかかわらず、「これからもいろいろな人に会って、たくさんのことを学びたい」とおっしゃいましたよね。まさに一生求道、自分を高めていこうと。これこそ「さらに参ぜよ、三十年」だなと感じました。

栗山　僕は今まで足りないものをなんとか補ってずっと走り続けてきて、やっと今スタートラインに立ったという感覚なんですよ。今までは自分がやらなければいけないことをやってきて、やりたいことをやっていたわけじゃない気がしているんです。やっと今から本当に自分がやりたいことをやれるのではないかと。

たとえば、僕は横田管長の本を読みながら、いつかお会いしたいとずっと思っていました。でも思うだけで、なかなか会うチャンスがありませんでした。ところが、今回WBCで選手たちが頑張ってくれたことによって、こうやってご縁をいただくことができて、本当にうれしかったんです。

横田　こちらこそ誠に有り難いご縁です。

栗山　そういう勉強する機会をいただくという意味で、これからは自分が会ってみたいと思っていたいろいろな人にお会いして、自分が持っている疑問をぶつけて少しでも解いていきたいという気持ちがあります。

横田　今のお話を聞いて、華厳経《けごんきょう》というお経にある善財童子の物語を思い出しました。この善財童子は道を求めて五十三人の方に教えを聴いて回るんです。その相手も、菩薩《ぼさつ》さまやお坊さんだけではなくて、在家の修行者、それから国王や長者や医者や船大工などいろいろな職業の人たち、ご婦人や少年や少女など年齢・性別を問わずさまざまな人たちに会って、謙虚に耳を傾けていきます。今、栗山監督がいろいろな人に会って自分の疑問を解いていきたいと言われましたけれど、それはこの善財童子の姿勢に通じるものがあるように感じます。

五木寛之先生は対談と講演を大事にするとおっしゃっていましたけれども、人と人との出逢いというのは一番多くのことを学べる場であると思いますね。

栗山　僕も最近五木先生と二度ほどお会いする機会がありました。そのときに五木先生から、人間というのは同じ場所にいるだけで、話をしなくてもエネルギーが相手の体の中に入っていってお互いに分かり合えるんだ、という話をしていただきました。それを伺って、ああ、やっぱりそうなんだなぁと深く納得しました。
だから、今は「さあ、ここから行くぞ」という気持ちになっているというか、人間修行がこれからいよいよ本格的に始まると思ってワクワクしているところなんです。

横田　私も今日、栗山監督と話をしているだけで元気をいただきました。これからもいろいろな場所で活躍されるお姿を拝見するのを楽しみにしております。

あとがき

勝つ者、怨みを招かん。
他《ひと》に敗れたる者、くるしみて臥《ふ》す。
されど、勝敗の二つを棄てて、
こころ寂静《しずか》なる人は、
起居《おきふし》ともに、さいわいなり。
（講談社学術文庫『法句経』より）

これは『法句経』にあるブッダの言葉です。勝ち負けを離れた世界があることを、ブッダの言葉を通して学んできた私は、勝負事に関心を持つことはありませんでした。

プロ野球の観戦もしなければ、オリンピックにも興味を持つことはありません。むしろ、なぜ勝ち負けを競うのか、勝つことに何の意味があるのだろうかと思っていたほどであります。

勝つ者は、多くの方に称賛され、自分自身も満足するでしょう。しかし、ブッダの言葉にあるように、敗れた者はどうなのでしょうか。勝利の美酒に酔う、その裏には、どれほどの悲しみがあるのだろうかと思うのです。

人と争わない生き方はないものか、私が仏道に入って求めてきたところであります。そんな私に、致知出版社から栗山英樹さんとの対談を依頼されたのでした。プロ野球に興味がなく、WBCなるものも、新聞紙上を賑わしていましたので、名前くらいは知っていたものの、関心はありませんでした。

どんなお仕事でも、お声をかけていただいたら、こちらの勉強だと思って引き受けてきたのですが、この対談だけは丁重にお断りしたのでした。私のような者が、栗山さんの対談の相手になれるとは思いもしません。特に野球について知らない者が相手をしては、失礼にあたると思ったのです。

私自身は、自分の生き方、考え方が正しいとは思ってはいません。ですから勝負の世界に生きている方を否定するつもりは毛頭ありません。ただ私は、勝負を離れた道を求めて生きているだけであります。対談しても噛み合わないのではないかと思いました。

しかしながら、栗山さんから是非ともというお声をかけていただき、勉強させてもらおうと思ってお引き受けすることとなりました。

今思い返しても、それからがたいへんでした。あらかじめ、このような対談をすると分かっていれば、ＷＢＣの野球も少しは観戦していたと思います。それが全《まった》く知らないのです。

対談の時には、どなたとの対談であれ、まずはその方の書籍を読むようにしています。今回も栗山さんの書籍を手に入る限りは求めて、読んでみました。それからＷＢＣについては、映画化されたので、これで勉強になりました。

いろいろ事前に学んでゆくと、栗山さんの素晴らしさに気がついてきました。もとより勝負の世界に生きておられるのですが、決して単なる「勝負師」ではないように思われました。この方は、勝ち負けの奥にある、もっと深い人間についての真理を学ぼうとされていると感じました。

そうしていると、だんだんと対談の日が待ち遠しくなってきました。初めてお目にかかった時には、その謙虚さに驚きました。あれほどの功績をあげられた方であるのに、傲《おご》りなどは微塵《みじん》も感じられないのです。丁寧に頭を下げられる様子は、まさに勝負師というより、一人の求道者のように思えたのでした。

かくして二〇二三年の七月に対談させてもらい、それが月刊『致知』同年十月号に掲載してもらったのでした。これがまさに世紀の「提灯《ちょうちん》と釣鐘《つりがね》」対談です。

この対談をお読みになった方々からは、「管長は野球のことが詳しいのだね」と驚かれたようです。そんな声をよく耳にしたものです。こちらはにわかに勉強しただけですが、野球に関心がないのがバレないでホッと安堵《あんど》したのでした。

こんな立派な方とは生涯に一度きりの出逢いだだろうと思っていましたのが、なんと対談は明くる年にも行われるようになったのです。そうしてこのたびの書籍化とまでなりました。思いもかけないことがあるものです。

その後も何度か栗山さんとはお目にかかっていますが、そのたびごとに、真摯《しんし》に道を求める姿勢に感銘を受けています。これも天から与えられた良き出逢いだと感謝しています。

どうしたら勝てるのかを栗山さんは懸命に求めてこられました。それを極めてゆくと、人間とはいかに生きるべきかに通じるのです。日常の些細《ささい》なことをおろそかにしていては、大勝負で迷いが出てしまうことを体感されたのでしょう。それがまた勝って傲ることのない態度となるのだと思いました。

一連の対談を読まれた方々の一人に、ふるさとの母がいます。ある時電話で話をしていたら、母は対談を読んでしみじみと「よく勉強したね」と言ってくれました。母は、私が幼少の頃から坐禅をして、野球には全く興味を持っていないことをよく知っているのです。それが栗山さんと対談の相手をしているのですから、「よく勉強したね」と褒めてくれたのでした。母親だけは、にわかの勉強でごまかすことはできないと思いました。

齢《よわい》還暦を迎えたものの、母から褒められることはうれしいものです。思い返せば、どれくらい振りでありましょう。この対談のおかげで母から、お褒めの言葉をもらったのが、私にとっては最もうれしいことでありました。

改めて栗山さんや、致知出版社の方々に感謝します。

栗山さんの言葉から、一度きりしかない人生をいかに生きるべき、たくさんのヒントを学ぶことができると思います。多くの方に手に取って読んでみてほしいと願います。

令和六年十二月

横田南嶺

〈著者略歴〉

栗山英樹（くりやま・ひでき）

昭和36年東京都生まれ。59年東京学芸大学卒業後、ヤクルトスワローズに入団。平成元年ゴールデン・グラブ賞受賞。翌年現役を引退し野球解説者として活動。24年から北海道日本ハムファイターズ監督を務め、同年チームをリーグ優勝に導き、28年には日本一に導く。同年正力松太郎賞などを受賞。令和3年侍ジャパントップチーム監督に就任。5年3月第5回WBC優勝、3大会ぶり3度目の世界一に導く（同年5月退任）。6年北海道日本ハムファイターズの最高責任者であるチーフ・ベースボール・オフィサー（CBO）に就任。著書に『信じ切る力』（講談社）など多数。

横田南嶺（よこた・なんれい）

昭和39年和歌山県新宮市生まれ。62年筑波大学卒業。在学中に出家得度し、卒業と同時に京都建仁寺僧堂で修行。平成3年円覚寺僧堂で修行、足立大進管長に師事。11年、34歳の若さで円覚寺僧堂師家（修行僧を指導する力量を具えた禅匠）に就任。22年より臨済宗円覚寺派管長。29年12月花園大学総長に就任。著書に『自分を創る禅の教え』『禅が教える人生の大道』『人生を照らす禅の言葉』『名僧に学ぶ生き方の知恵』『十牛図に学ぶ』『無門関に学ぶ』、共著に『命ある限り歩き続ける』『生きる力になる禅語』（いずれも致知出版社）などがある。

運を味方にする人の生き方

令和七年一月三十日第一刷発行

著者 栗山 英樹
横田 南嶺

発行者 藤尾 秀昭

発行所 致知出版社

〒150-0001 東京都渋谷区神宮前四の二十四の九

TEL（〇三）三七九六―二一一一

印刷・製本 中央精版印刷

落丁・乱丁はお取替え致します。（検印廃止）

ISBN978-4-8009-1323-4 C0034

ホームページ https://www.chichi.co.jp

Eメール books@chichi.co.jp

ブックデザイン――秦 浩司

帯・章扉 写真――齊藤文護

編集協力――柏木孝之